Manuale di Comunicazione Assertiva sul Web

Conversazioni Online Chiare e Costruttive

Alessandro Ferrari

Copyright © 2024 Alessandro Ferrari

Tutti i diritti riservati.

INDICE

Indice 2

Prefazione 3

Introduzione 5

Capitolo 1: Cos'è l'Assertività sul Web? 10

Capitolo 2: Le Basi della Comunicazione Assertiva sul Web .30

Capitolo 3: Assertività sui Social Media 48

Capitolo 4: Assertività nelle E-mail 76

Capitolo 5: Gestire le Critiche Online 94

Capitolo 6: Crescita Continua dell'Assertività sul Web 113

Collana di Libri sulla Comunicazione Assertiva...................135

Ringraziamenti..138

Note sull'autore 141

PREFAZIONE

Benvenuto in "Comunicazione Assertiva sul Web". Sono entusiasta di accompagnarti in questo viaggio attraverso il mondo della comunicazione online. Ho iniziato a esplorare le potenzialità del web nei primi anni 2000, e da allora ho dedicato la mia carriera a comprendere e insegnare come comunicare in modo efficace e assertivo in un contesto digitale. Ho avuto l'onore di formare migliaia di imprenditori, manager e liberi professionisti su questi temi, e ora sono qui per condividere con te le mie esperienze e conoscenze.

Viviamo in un'era digitale dove la comunicazione online non è solo una competenza utile, ma una necessità. Ogni giorno, interagiamo con persone di tutto il mondo tramite social media, email, e varie altre piattaforme online. Tuttavia, la mancanza di contatto visivo e le sfumature della comunicazione non verbale possono spesso portare a fraintendimenti e conflitti. Questo libro è stato creato per aiutarti a navigare queste sfide e a diventare un comunicatore assertivo, chiaro ed efficace sul web.

La comunicazione assertiva è la chiave per esprimere i propri pensieri e bisogni con chiarezza e rispetto, mantenendo relazioni positive e produttive. Attraverso le pagine di questo libro, esploreremo come applicare questi principi in contesti digitali, dalle piattaforme di social media alle comunicazioni via email. Imparerai a gestire le critiche online, a mantenere relazioni sane e a far crescere la tua presenza e autorevolezza nel mondo digitale. Troverai esempi concreti, test di autovalutazione e strategie dettagliate che potrai mettere in pratica nella tua vita quotidiana. Che tu sia un imprenditore che desidera migliorare la sua comunicazione con i clienti, un manager che cerca di guidare il suo team con chiarezza, o semplicemente qualcuno che vuole migliorare le sue competenze comunicative, questo libro ti fornirà gli strumenti necessari per raggiungere i tuoi obiettivi.

Ricordo ancora i miei primi passi nel mondo della comunicazione online. Era un periodo di grande entusiasmo e scoperta, ma anche di molte sfide. Non esistevano guide dettagliate o corsi online che potessero insegnarmi come comunicare in modo efficace sul web. Ho imparato attraverso l'esperienza, gli errori e, soprattutto, l'osservazione attenta di ciò che funzionava e cosa no. Oggi, con oltre due decenni di esperienza alle spalle, posso dire con certezza che la comunicazione assertiva è una delle competenze più preziose che puoi sviluppare.

Nel corso degli anni, ho visto troppe persone cadere nella trappola della comunicazione aggressiva o passiva, compromettendo relazioni e opportunità. La comunicazione assertiva non è solo una via di mezzo tra questi due estremi, ma un modo per esprimere autenticamente te stesso, rispettando al contempo gli altri. Sul web, questa abilità diventa ancora più cruciale, dato che le parole scritte possono facilmente essere fraintese o mal interpretate.

Ti invito a leggere con mente aperta e a mettere in pratica le tecniche e le strategie che troverai in questo libro. Ogni suggerimento è frutto di anni di esperienza e di studio, e sono certo che, se applicati con costanza e impegno, ti porteranno grandi risultati. La tua crescita come comunicatore assertivo sul web non solo migliorerà le tue relazioni digitali, ma avrà un impatto positivo sulla tua vita professionale e personale.

Grazie per aver scelto questo libro come tuo compagno di viaggio nella scoperta della comunicazione assertiva online. Sono entusiasta di condividere con te tutto ciò che ho imparato e di vedere come queste conoscenze possano trasformare il tuo modo di comunicare.

Buona lettura e buon lavoro! *Alessandro Ferrari*

INTRODUZIONE

Benvenuto nel mondo della comunicazione assertiva sul web. Ho avuto il privilegio di dedicare gran parte della mia carriera a esplorare, insegnare e praticare l'arte della comunicazione anche in un contesto digitale. In un'epoca in cui le nostre interazioni sono sempre più mediate da schermi e dispositivi, saper comunicare in modo chiaro, efficace e rispettoso è diventato fondamentale.

Perché Questo Libro

La comunicazione online è un terreno fertile ma complesso. Dalla nascita del web nei primi anni '90, ho visto come la comunicazione digitale si sia evoluta, diventando sempre più centrale nelle nostre vite. Con oltre vent'anni di esperienza nel campo, ho osservato come le dinamiche delle interazioni online possano creare opportunità straordinarie ma anche sfide significative. Questo libro nasce dall'esigenza di offrire una guida pratica e aggiornata per navigare queste acque con sicurezza e competenza.

L'Essenza della Comunicazione Assertiva

Essere assertivi significa esprimere i propri pensieri, sentimenti e bisogni in modo chiaro e rispettoso, senza essere aggressivi o passivi. Nel contesto online, l'assertività diventa ancora più cruciale. Le comunicazioni scritte possono facilmente essere fraintese, e l'assenza di segnali non verbali può complicare ulteriormente le interazioni. La comunicazione assertiva ti aiuta a evitare questi ostacoli, permettendoti di mantenere relazioni positive e produttive.

La Sfida del Web

Il web è un ambiente unico. Qui, le parole scritte sono il principale veicolo di comunicazione. Questo comporta che ogni messaggio deve essere pensato e strutturato con cura, per evitare malintesi e per esprimere chiaramente le proprie intenzioni. I social media, le email e le varie piattaforme di messaggistica offrono enormi opportunità per connettersi con gli altri, ma richiedono anche una maggiore consapevolezza delle dinamiche comunicative.

I Benefici della Comunicazione Assertiva Online

Adottare uno stile di comunicazione assertivo sul web comporta numerosi vantaggi. Innanzitutto, migliora la qualità delle interazioni, riducendo il rischio di conflitti e fraintendimenti. Inoltre, rafforza la tua autorevolezza e credibilità, facendoti percepire come una persona sicura di sé e rispettosa. Infine, ti aiuta a costruire e mantenere relazioni professionali e personali più sane e soddisfacenti.

Come Questo Libro Ti Aiuterà

In questo libro, esploreremo in dettaglio le diverse sfaccettature della comunicazione assertiva online. Dalla gestione delle critiche sui social media alla scrittura di email efficaci, ogni capitolo ti fornirà strumenti pratici e strategie concrete per migliorare le tue competenze comunicative. Attraverso esempi reali, test di autovalutazione e esercizi pratici, potrai mettere subito in pratica ciò che apprenderai.

Un Percorso di Crescita

Questo libro non è solo una guida teorica, ma un vero e proprio percorso di crescita. Ogni capitolo è strutturato per aiutarti a sviluppare e affinare le tue competenze in modo graduale e costante. Ti incoraggio a leggere con attenzione, riflettere su quanto appreso e sperimentare le tecniche proposte. La comunicazione assertiva è una competenza che si sviluppa nel tempo e con la pratica, e sono certo che i risultati ti sorprenderanno.

Un Invito all'Azione

Non importa se sei un principiante o un esperto della comunicazione online. Questo libro è pensato per chiunque desideri migliorare le proprie competenze comunicative e diventare più assertivo nel mondo digitale. Ti invito a prendere appunti, a fare domande e a sperimentare. Ogni piccolo passo verso una comunicazione più assertiva rappresenta un grande progresso nella tua crescita personale e professionale.

La Mia Esperienza

Permettimi di condividere un aneddoto personale. Quando ho iniziato a lavorare sul web, piattaforme social come Facebook e LinkedIn ancora non esistevano. Poi ho sperimentato in prima persona le difficoltà di comunicare efficacemente in un ambiente nuovo e in continua evoluzione. Ho commesso errori, ho imparato dai miei sbagli e ho affinato le mie tecniche. Oggi, grazie a quell'esperienza, posso guidarti attraverso le insidie e le opportunità della comunicazione online con sicurezza e competenza.

Un Futuro di Successo

Il mondo digitale continua a evolversi a un ritmo vertiginoso. Le tecnologie cambiano, le piattaforme si aggiornano, ma i principi della comunicazione assertiva rimangono costanti. Essere assertivi sul web ti permette di adattarti a questi cambiamenti, mantenendo sempre chiari i tuoi obiettivi e le tue intenzioni. Il futuro è pieno di opportunità per chi sa comunicare in modo efficace e rispettoso.

Conclusione

Sono entusiasta di condividere con te tutto ciò che ho imparato e di vedere come queste conoscenze possano trasformare il tuo modo di comunicare sul web. La comunicazione assertiva non è solo una competenza professionale, ma una vera e propria filosofia di vita che può arricchire ogni aspetto delle tue interazioni online.

In questo manuale, ti fornirò strumenti pratici e strategie dettagliate per diventare un comunicatore assertivo sul web. Tuttavia, è importante chiarire cosa **non** troverai in queste pagine. Non ti darò istruzioni su come utilizzare specifiche piattaforme di social media come Facebook, LinkedIn, Instagram o X (ex Twitter). Non troverai guide tecniche su come configurare il tuo account email o su come utilizzare i vari client di posta elettronica. Questo libro non è un manuale tecnico su come navigare o gestire le funzionalità dei vari strumenti online.

Il mio obiettivo è concentrare la tua attenzione su **come** comunicare in modo efficace e assertivo utilizzando questi strumenti. Mi focalizzerò sulle dinamiche della comunicazione scritta e visiva, su come esprimere chiaramente i tuoi pensieri e sentimenti, su come gestire le critiche e mantenere relazioni sane e produttive in un contesto digitale. Ti guiderò attraverso l'arte di scrivere email assertive, di gestire discussioni online in modo costruttivo e di utilizzare i social media per costruire un'immagine professionale forte e autentica.

Non troverai quindi istruzioni dettagliate su come creare un post su Facebook o come inviare una email con Gmail. Piuttosto, imparerai a strutturare i tuoi messaggi in modo chiaro ed efficace, a rispondere alle critiche con sicurezza e rispetto, e a mantenere la tua autorevolezza e integrità in ogni interazione online.

Il mondo digitale continua a evolversi a un ritmo vertiginoso. Le tecnologie cambiano, le piattaforme si aggiornano, ma i principi della comunicazione assertiva rimangono costanti. Essere assertivi sul web ti permette di adattarti a questi cambiamenti, mantenendo sempre chiari i tuoi obiettivi e le tue intenzioni. Il futuro è pieno di opportunità per chi sa comunicare in modo efficace e rispettoso.

In conclusione, questo libro è una guida per chiunque desideri migliorare le proprie competenze comunicative nel mondo digitale. Che tu sia un principiante o un esperto, troverai in queste pagine strumenti preziosi e strategie concrete per diventare un comunicatore più assertivo ed efficace. La comunicazione assertiva ti aiuterà a navigare il web con sicurezza, a costruire relazioni positive e a raggiungere i tuoi obiettivi professionali e personali.

Buona lettura e buon lavoro. Sono certo che questo libro ti offrirà strumenti preziosi e ti aiuterà a diventare un comunicatore più assertivo ed efficace sul web.

CAPITOLO 1: COS'È L'ASSERTIVITÀ SUL WEB?

Definizione di assertività online

Viviamo in un'epoca in cui la comunicazione digitale è diventata una parte fondamentale delle nostre vite. Dalle email ai social media, gran parte delle nostre interazioni avviene attraverso uno schermo. Ma quanto è efficace la nostra comunicazione online? Riusciamo davvero a trasmettere i nostri pensieri e sentimenti in modo chiaro e rispettoso, mantenendo relazioni positive e produttive? È qui che entra in gioco l'assertività sul web.

L'assertività è una competenza cruciale per navigare il mondo digitale. A differenza della comunicazione faccia a faccia, le interazioni online sono prive di segnali non verbali e possono facilmente portare a fraintendimenti. L'assertività ci aiuta a superare queste sfide, permettendoci di esprimere chiaramente i nostri bisogni e opinioni senza essere aggressivi o passivi. In questo capitolo, esploreremo cos'è l'assertività sul web, come differisce dalla comunicazione offline e perché è così importante per il successo delle nostre interazioni digitali.

Differenze tra comunicazione online e offline

L'assertività online è la capacità di esprimere i propri pensieri, sentimenti e bisogni in modo chiaro e rispettoso attraverso i mezzi digitali. Essere assertivi online significa essere in grado di comunicare con fiducia e trasparenza, senza sminuire gli altri o cedere alle pressioni. È un equilibrio delicato tra esprimere se stessi e rispettare gli altri, e richiede una consapevolezza delle dinamiche uniche del contesto digitale.

La comunicazione online e offline possono sembrare simili, ma presentano differenze fondamentali che influenzano il modo in cui interagiamo e percepiamo i messaggi. Comprendere queste differenze è essenziale per sviluppare un approccio assertivo efficace nel contesto digitale.

1. Assenza di segnali non verbali

Una delle principali differenze tra la comunicazione online e offline è l'assenza di segnali non verbali. Nelle interazioni faccia a faccia, il linguaggio del corpo, le espressioni facciali e il tono di voce giocano un ruolo cruciale nel trasmettere significato e intenzione. Questi segnali aiutano a chiarire il contesto, a mostrare empatia e a prevenire fraintendimenti. Online, dobbiamo fare affidamento esclusivamente sulle parole scritte, che possono essere facilmente interpretate in modi diversi. Questo rende essenziale l'uso di un linguaggio chiaro e diretto, nonché l'attenzione alla scelta delle parole e alla struttura dei messaggi.

2. Tempo di risposta e riflessione

Un'altra differenza significativa è il tempo di risposta. Offline, le conversazioni avvengono in tempo reale, richiedendo risposte immediate. Online, invece, spesso abbiamo il lusso di riflettere prima di rispondere. Questo può essere un vantaggio, permettendoci di formulare risposte più ponderate e assertive. Tuttavia, può anche portare a malintesi se la risposta è ritardata troppo a lungo, lasciando l'altra persona incerta sulle nostre intenzioni. Gestire il tempo di risposta in modo efficace è una parte cruciale della comunicazione assertiva online.

3. Permanenza e visibilità dei messaggi

Le comunicazioni online hanno una caratteristica unica: la loro permanenza e visibilità. Una volta inviato un messaggio, esso rimane registrato e può essere riletto, condiviso o persino reso pubblico. Questo contrasta con le interazioni offline, dove le conversazioni sono spesso transitorie. Questa permanenza richiede una maggiore attenzione e responsabilità nella scelta delle parole e nella formulazione dei messaggi. Essere consapevoli di come i nostri messaggi possano essere percepiti a lungo termine è fondamentale per mantenere un approccio assertivo e professionale.

4. Anonimato e disinibizione

Il contesto online offre un certo grado di anonimato che può influenzare il comportamento delle persone. Questo anonimato può portare a una maggiore disinibizione, dove le persone si sentono più libere di esprimere opinioni forti o di comportarsi in modo meno rispettoso rispetto a quanto farebbero di persona. Per mantenere l'assertività online, è importante essere consapevoli di questo fenomeno e impegnarsi a comunicare con rispetto e professionalità, indipendentemente dal grado di anonimato.

Queste differenze fondamentali tra comunicazione online e offline richiedono un approccio adattato e consapevole. Essere assertivi online significa riconoscere queste sfide e sviluppare strategie per superarle. Nei prossimi paragrafi e capitoli, esploreremo queste strategie in dettaglio, fornendo strumenti pratici per migliorare la tua capacità di comunicare in modo assertivo nel mondo digitale.

L'importanza dell'assertività sul web

L'assertività online è la capacità di esprimere i propri pensieri, sentimenti e bisogni in modo chiaro e rispettoso attraverso i mezzi digitali. Essere assertivi online significa essere in grado di comunicare con fiducia e trasparenza, senza sminuire gli altri o cedere alle pressioni.

È un equilibrio delicato tra esprimere se stessi e rispettare gli altri, e richiede una consapevolezza delle dinamiche uniche del contesto digitale.

L'assertività sul web è una competenza fondamentale per diverse ragioni, specialmente nell'era digitale in cui viviamo. Essa influisce non solo sulla qualità delle nostre comunicazioni, ma anche sulle nostre relazioni professionali e personali. Vediamo più nel dettaglio perché è così cruciale.

1. Chiarezza e comprensione

Una delle principali sfide della comunicazione online è la mancanza di segnali non verbali, come il tono di voce e le espressioni facciali, che spesso aiutano a chiarire il significato delle parole. Essere assertivi online significa utilizzare un linguaggio chiaro e preciso per evitare malintesi. Ad esempio, nelle email e nei messaggi sui social media, è essenziale strutturare i messaggi in modo chiaro, utilizzando paragrafi brevi e punti elenco quando necessario. Questo aiuta a trasmettere il messaggio in modo comprensibile, riducendo la possibilità di fraintendimenti.

2. Gestione dei conflitti

Il web è un luogo dove i conflitti possono facilmente nascere e crescere. Le differenze di opinioni e le critiche possono rapidamente sfuggire di mano, portando a situazioni di tensione. L'assertività permette di gestire questi conflitti in modo costruttivo. Rispondere alle critiche con calma e rispetto, senza cedere all'aggressività o alla passività, aiuta a mantenere un ambiente positivo e produttivo. Questo approccio non solo risolve i conflitti, ma rafforza anche la tua reputazione come una persona equilibrata e professionale.

3. Costruzione e mantenimento delle relazioni

Le relazioni, sia professionali che personali, si basano sulla comunicazione efficace. Sul web, dove le interazioni sono spesso limitate a messaggi scritti, essere assertivi aiuta a costruire e mantenere relazioni sane. Esprimere i propri bisogni e opinioni in modo rispettoso e aperto promuove la fiducia e il rispetto reciproco. Ad esempio, quando collabori con colleghi o partner commerciali, la chiarezza e l'onestà nella comunicazione aiutano a evitare malintesi e a creare un clima di lavoro collaborativo.

4. Promozione di un ambiente positivo

Essere assertivi sul web contribuisce a creare un ambiente digitale positivo. Questo è particolarmente importante nei social media, dove i toni aggressivi o passivi possono facilmente deteriorare la qualità delle interazioni. Un comportamento assertivo promuove la positività e l'inclusività, incoraggiando gli altri a esprimersi liberamente e rispettosamente. Inoltre, ti permette di essere un modello di comportamento per la tua comunità online, influenzando positivamente gli altri e contribuendo a un ambiente di comunicazione più sano.

In sintesi, l'assertività sul web è essenziale per garantire che le nostre comunicazioni siano chiare, efficaci e rispettose. Ci aiuta a gestire i conflitti, a costruire relazioni solide e a promuovere un ambiente digitale positivo. Nella mia esperienza, ho visto come l'adozione di un approccio assertivo possa trasformare radicalmente la qualità delle interazioni online, portando a un maggiore successo sia personale che professionale. Nei prossimi capitoli, esploreremo in dettaglio le tecniche e le strategie per sviluppare e migliorare la tua assertività sul web, fornendo strumenti pratici che potrai applicare fin da subito.

Benefici dell'assertività sul web

L'assertività online non è solo una competenza desiderabile; è una necessità in un mondo sempre più connesso. Essere assertivi nel contesto digitale significa poter esprimere le proprie idee e bisogni con chiarezza e rispetto, favorendo interazioni più produttive e relazioni più sane. Questo approccio alla comunicazione offre numerosi vantaggi che si riflettono sia nella sfera personale che professionale. Nel paragrafo che segue, esploreremo i principali benefici dell'assertività sul web, fornendo una base solida per comprendere il valore di questa competenza nella nostra vita quotidiana.

Migliorare la comunicazione online

Migliorare la comunicazione online è uno degli aspetti più immediati e tangibili dei benefici dell'assertività. Una comunicazione chiara, rispettosa e diretta è essenziale per evitare fraintendimenti, risolvere conflitti e costruire relazioni di fiducia. Ecco come l'assertività può trasformare il modo in cui comunichi online.

1. Chiarezza nei messaggi

Uno dei principali vantaggi dell'assertività è la chiarezza che porta nelle comunicazioni. Quando sei assertivo, ti sforzi di essere chiaro e diretto, evitando ambiguità e malintesi. Ad esempio, quando invii un'email, un messaggio sui social media o un commento in un forum, è fondamentale strutturare il tuo messaggio in modo che sia facile da comprendere. Utilizza frasi brevi e dirette, evita gerghi e linguaggi complessi, e assicurati che il tuo messaggio principale sia evidente. La chiarezza non solo aiuta a prevenire fraintendimenti, ma dimostra anche rispetto per il tempo e l'attenzione degli altri.

2. Costruire fiducia e rispetto

L'assertività online aiuta a costruire fiducia e rispetto reciproco nelle interazioni digitali. Quando comunichi in modo assertivo, mostri di avere fiducia in te stesso e rispetto per gli altri. Questo crea un ambiente di fiducia, dove le persone si sentono libere di esprimersi senza timore di essere giudicate o sminuite. Ad esempio, in un team di lavoro virtuale, l'assertività può facilitare una comunicazione aperta e onesta, incoraggiando i membri del team a condividere idee e feedback in modo costruttivo. Questo non solo migliora la collaborazione, ma rafforza anche i legami all'interno del team.

3. Risolvere conflitti in modo costruttivo

I conflitti sono inevitabili in qualsiasi tipo di interazione, ma la comunicazione assertiva offre strumenti efficaci per gestirli. Quando affronti un conflitto online, l'assertività ti permette di esprimere i tuoi sentimenti e bisogni in modo chiaro e rispettoso, senza cadere nell'aggressività o nella passività. Ad esempio, se ricevi un commento critico su un post sui social media, rispondere in modo assertivo significa riconoscere il punto di vista dell'altro, esprimere il tuo in modo chiaro e cercare un terreno comune. Questo approccio non solo risolve il conflitto, ma può trasformare una situazione negativa in un'opportunità di crescita e comprensione reciproca.

4. Promuovere un dialogo positivo e produttivo

Essere assertivi online contribuisce a creare un dialogo positivo e produttivo. Quando le persone si sentono ascoltate e rispettate, sono più propense a partecipare attivamente e a contribuire in modo costruttivo alle conversazioni. Ad esempio, in un forum di discussione o in una riunione virtuale, l'assertività aiuta a mantenere il focus sui temi rilevanti, a evitare divagazioni inutili e a garantire che tutte le voci vengano ascoltate. Questo non solo migliora la qualità del dialogo, ma favorisce anche l'emergere di idee innovative e soluzioni efficaci.

In sintesi, migliorare la comunicazione online attraverso l'assertività porta a messaggi più chiari, relazioni più rispettose, gestione costruttiva dei conflitti e dialoghi più produttivi. L'assertività non è solo una tecnica di comunicazione, ma una filosofia che promuove l'autenticità, il rispetto e la collaborazione. Nella mia esperienza, ho visto come l'adozione di un approccio assertivo possa trasformare radicalmente la qualità delle interazioni online, portando a risultati positivi sia a livello personale che professionale. Nei prossimi capitoli, esploreremo ulteriormente queste dinamiche e ti forniremo strumenti pratici per sviluppare e migliorare la tua assertività sul web.

Gestire le relazioni digitali

Gestire le relazioni digitali è una sfida unica nel mondo contemporaneo, dove la maggior parte delle nostre interazioni avviene online. L'assertività gioca un ruolo fondamentale in questo contesto, poiché ci permette di mantenere relazioni sane, rispettose e produttive. Ecco come l'assertività può aiutarti a gestire le relazioni digitali in modo efficace.

1. Costruzione di relazioni di fiducia

Una delle fondamenta delle relazioni digitali è la fiducia. Essere assertivi nelle tue comunicazioni online significa essere trasparenti e autentici, due qualità che favoriscono la fiducia. Quando esprimi i tuoi pensieri e sentimenti in modo chiaro e rispettoso, dimostri integrità e affidabilità. Per esempio, nelle interazioni professionali su piattaforme come LinkedIn, essere chiaro sulle tue intenzioni e rispettare i confini degli altri aiuta a costruire relazioni di lavoro solide. Questa fiducia si traduce in collaborazioni più efficaci e durature.

2. Mantenimento delle relazioni personali

Le relazioni personali online richiedono un'attenzione particolare, soprattutto perché la mancanza di segnali non verbali può portare a fraintendimenti. Essere assertivi ti aiuta a esprimere chiaramente i tuoi bisogni e aspettative, riducendo il rischio di conflitti. Ad esempio, se un amico ti invia un messaggio inappropriato o fuori luogo, rispondere in modo assertivo ti permette di affrontare il problema senza rovinare la relazione. Puoi spiegare come ti senti e cosa ti aspetti in futuro, mantenendo il rispetto reciproco e la comunicazione aperta.

3. Gestione delle critiche e dei feedback

Le critiche e i feedback sono inevitabili nelle relazioni digitali, specialmente sui social media e nei contesti professionali. L'assertività ti aiuta a gestire queste situazioni in modo costruttivo. Quando ricevi una critica, un approccio assertivo ti permette di riconoscere il feedback, esprimere la tua opinione e cercare una soluzione comune. Ad esempio, se un collega critica il tuo lavoro in una riunione virtuale, rispondere in modo assertivo significa accettare il feedback, chiarire il tuo punto di vista e discutere su come migliorare in futuro. Questo non solo migliora la tua performance, ma rafforza anche la tua professionalità e capacità di collaborazione.

4. Promozione di un ambiente positivo

Essere assertivi nelle relazioni digitali contribuisce a creare un ambiente positivo e inclusivo. Quando comunichi in modo chiaro e rispettoso, incoraggi gli altri a fare lo stesso, promuovendo una cultura di apertura e rispetto. Questo è particolarmente importante in gruppi di lavoro online o comunità digitali, dove la dinamica di gruppo può facilmente essere influenzata da comportamenti negativi. Ad esempio, in un gruppo di lavoro su una piattaforma collaborativa, rispondere assertivamente ai commenti e alle idee degli altri membri del team aiuta a mantenere un ambiente di lavoro positivo e produttivo, dove tutti si sentono valorizzati e ascoltati.

In conclusione, gestire le relazioni digitali attraverso l'assertività porta a relazioni più forti, fiducia reciproca, gestione efficace dei conflitti e un ambiente positivo. L'assertività non è solo una tecnica di comunicazione, ma una filosofia che promuove l'autenticità, il rispetto e la collaborazione. Nella mia esperienza, ho visto come l'adozione di un approccio assertivo possa trasformare radicalmente la qualità delle interazioni online, portando a risultati positivi sia a livello personale che professionale. Nei prossimi capitoli, esploreremo ulteriormente queste dinamiche e ti forniremo strumenti pratici per sviluppare e migliorare la tua assertività sul web.

Test: Valutare la tua assertività online

Rispondi a queste domande scegliendo una delle 4 possibili opzioni. Ogni risposta vale un determinato punteggio e alla fine ti verrà detto il risultato in base al punteggio ottenuto. Rispondendo a questo test nessuno vedrà le risposte, quindi sentiti libero di essere totalmente te stesso e non pensare a rispondere la soluzione più corretta, ma quella che più ti rappresenta!

Questionario di autovalutazione

Il tuo vicino di casa ti chiede di aiutarlo a fare alcuni lavoretti di cui sei competente. Come ti comporti?

A) Gli rispondo sgarbatamente poiché non deve disturbarmi.

B) Non fa in tempo a formulare la frase che sono già al lavoro!

C) Finisco i miei impegni, poi mi metto al lavoro!

D) Valuto se riesco a conciliare i miei impegni con la sua richiesta e mi accordo per un momento in cui è possibile lavorare con tranquillità!

2. Un tuo carissimo amico sta attraversando un brutto periodo e arriva a chiamarti anche a notte fonda pur di avere qualcuno con cui fare due chiacchiere. Come reagisci?

A) Non gli rispondo al telefono e se lo faccio gli chiedo di lasciarmi riposare.

B) Rispondo immediatamente al telefono e rimango con lui a parlare anche ore se necessario!

C) Gli chiedo gentilmente di chiamarmi in un altro momento.

D) Da una parte lo ascolto e faccio il possibile per aiutarlo, ma poi cerco di stabilire dei patti con lui per evitare che i suoi problemi diventino anche i miei.

3. Quando ti pongono una critica cosa provi?

A) Mi irrita tantissimo ricevere delle critiche, vuol dire che non sono apprezzato per quello che sono.

B) Provo tanta vergogna, se vengo criticato vuol dire che ho qualcosa che non va!

C) Mi sento in colpa per quel che mi è stato detto, ma dall'altra parte cerco di accettare la critica e cerco di migliorarmi.

D) Ascolto la critica, ma poi valuto io cosa può essere costruttivo e cosa no e, se necessario, dico anche la mia opinione in modo educato!

4. Un amico con cui esci frequentemente vuole sempre decidere lui cosa fare quando uscite. Tu:

A) Inizi ad evitarlo in modo che lui capisca che questo comportamento non mi piace.

B) Fai finta di niente, tanto non avresti proposte migliori.

C) Se ti va bene accetti, altrimenti dici che non sei disponibile.

D) Parli con lui di questa cosa e cerchi di fare in modo che si decida insieme dove andare.

5. Una persona ti risponde in modo aggressivo. Tu come ti comporti?

A) Gli rispondo per le rime.

B) Solitamente mi lascio intimidire.

C) Dipende da quanta aggressività è stata usata; finché è nei limiti faccio finta di nulla.

D) Faccio notare in maniera educata che quello non è un modo costruttivo di comportarsi e gli faccio capire che con me può dialogare solo se impara a trattarmi con più rispetto, ma d'altra parte cerco anche di capire le motivazioni del suo comportamento.

Analisi dei risultati

Interpretazione del tuo punteggio nel test di assertività nelle relazioni digitali

Rispondi a questo test per capire meglio il tuo livello di assertività nelle relazioni digitali. Alla fine del test, conta quante volte hai scelto ciascuna delle lettere (A, B, C, D) e leggi il profilo corrispondente alla maggioranza delle tue risposte.

Se hai ottenuto una maggioranza di risposte A:

La tua tendenza a dominare le conversazioni può essere evidente. Questo approccio, sebbene a volte efficace, può rischiare di sopraffare o alienare i tuoi contatti digitali. È importante riconoscere il valore dell'ascolto attivo e dell'empatia nell'ambito delle relazioni. Prova a bilanciare la tua naturale inclinazione ad assumere il controllo con un maggiore impegno nell'ascoltare gli altri. Dedicare tempo a comprendere i loro punti di vista non solo potrà migliorare la qualità delle tue interazioni online, ma ti arricchirà anche personalmente, permettendoti di vedere il mondo attraverso prospettive diverse.

Se hai ottenuto una maggioranza di risposte B:

Dimostri una tendenza a evitare il confronto, il che potrebbe sembrare una strategia per mantenere la pace, ma può anche impedire la risoluzione effettiva dei problemi e limitare l'approfondimento delle tue relazioni. Affrontare i conflitti apertamente non è facile, ma è spesso necessario per risolvere le tensioni e promuovere una comprensione più profonda. Considera di adottare strategie che ti permettano di esprimere i tuoi pensieri in modo costruttivo, affrontando i problemi con coraggio e chiarezza, pur mantenendo la sensibilità verso i sentimenti altrui.

Se hai ottenuto una maggioranza di risposte C:

La tua predisposizione ad evitare il confronto potrebbe sembrare una strategia per mantenere la pace, ma può anche impedire la risoluzione effettiva dei problemi e limitare l'approfondimento delle tue relazioni. Affrontare i conflitti apertamente non è facile, ma è spesso necessario per risolvere le tensioni e promuovere una comprensione più profonda. Considera di adottare strategie che ti permettano di esprimere i tuoi pensieri in modo costruttivo, affrontando i problemi con coraggio e chiarezza, pur mantenendo la sensibilità verso i sentimenti altrui.

Se hai ottenuto una maggioranza di risposte D:

La tua natura accomodante e pacifica è una qualità preziosa, ma è importante assicurarsi che non conduca all'auto-soppressione. Esprimere i propri bisogni e opinioni è vitale per mantenere relazioni bilanciate e autentiche. Rifletti su come puoi affermare le tue esigenze con assertività, garantendo che la tua voce venga ascoltata. Apprendere a esprimere i propri desideri e confini in modo rispettoso ed efficace può migliorare significativamente la dinamica delle tue interazioni digitali.

Riflessione finale

Questo test è un utile strumento di riflessione che ti aiuta a comprendere come gestisci la comunicazione e i conflitti nelle tue relazioni digitali. Utilizzalo per valutare i tuoi progressi e identificare aree di miglioramento. Continuare a sviluppare una comunicazione più assertiva e consapevole potrà non solo rafforzare le tue relazioni esistenti, ma anche aiutarti a formarne di nuove più ricche e soddisfacenti.

Questo primo test è finito. Ti consiglio di rifarlo più avanti per vedere se hai avuto dei cambiamenti nel tuo livello di assertività!

Domande di Riflessione per il Capitolo 1

Queste domande di riflessione sono pensate per aiutarti a interiorizzare meglio i concetti di assertività online trattati in questo capitolo. Prenditi del tempo per rispondere a ogni domanda in modo sincero e approfondito. L'obiettivo è stimolare un autoesame critico che ti permetta di applicare le nuove conoscenze nella tua vita quotidiana. Utilizza queste domande come uno strumento per valutare le tue esperienze di comunicazione online e per identificare aree di miglioramento.

Domande di Riflessione

1. Differenze tra comunicazione online e offline

Quali sono le principali differenze che hai notato tra comunicare online e offline? Puoi fare un esempio di un fraintendimento che è avvenuto online e come avrebbe potuto essere evitato con la comunicazione faccia a faccia?

Come gestisci la mancanza di segnali non verbali nelle tue comunicazioni online? Quali strategie utilizzi per assicurarti che il tuo messaggio venga compreso correttamente?

In che modo la tua comunicazione cambia quando passi da un contesto offline a uno online? Quali aspetti della tua comunicazione online pensi che debbano essere migliorati per essere più efficace?

Hai mai avuto l'impressione che il tuo messaggio online sia stato frainteso? Come hai gestito la situazione e cosa hai imparato da essa?

2. L'importanza dell'assertività sul web

Perché ritieni che l'assertività sia importante nella comunicazione online? Puoi pensare a un momento in cui la tua assertività ha portato a un risultato positivo?

Hai mai evitato di esprimere un'opinione online per paura di come sarebbe stata ricevuta? Come pensi che l'assertività possa aiutarti a esprimere i tuoi pensieri più liberamente?

In che modo essere assertivo online può migliorare le tue relazioni digitali, sia professionali che personali? Puoi fare un esempio concreto?

Quali sono le difficoltà che incontri nel mantenere un comportamento assertivo online? Come pensi di poter superare queste difficoltà?

3. Migliorare la comunicazione online

Come descriveresti la tua attuale abilità di comunicare in modo chiaro e diretto online? Quali miglioramenti vorresti apportare?

Rifletti su una recente conversazione online che hai avuto. Come avresti potuto rendere la tua comunicazione più chiara e assertiva?

Quali strategie utilizzi attualmente per evitare fraintendimenti online? Sono efficaci? Come potresti migliorarle ulteriormente?

Hai mai usato il feedback degli altri per migliorare la tua comunicazione online? Come lo hai fatto e quale impatto ha avuto?

4. Gestire le relazioni digitali

Come gestisci attualmente le relazioni digitali? Quali sfide incontri più spesso?

Puoi descrivere un caso in cui hai dovuto gestire un conflitto online? Come hai affrontato la situazione e quale approccio hai utilizzato per risolverlo?

In che modo l'assertività ti ha aiutato a mantenere relazioni digitali positive e produttive? Hai un esempio di una situazione in cui essere assertivo ha migliorato una relazione online?

Quali passi potresti intraprendere per migliorare la gestione delle tue relazioni digitali? Pensa a un'azione concreta che potresti implementare subito.

5. Autovalutazione della tua assertività online

Dopo aver completato il questionario di autovalutazione, quali aspetti della tua comunicazione online ritieni più forti? E quali richiedono maggiormente miglioramento?

Quali cambiamenti hai notato nel tuo modo di comunicare online da quando hai iniziato a leggere questo capitolo?

Quali tecniche di comunicazione assertiva hai trovato più utili finora e come pensi di applicarle nelle tue interazioni future?

Come misurerai i progressi nel miglioramento della tua assertività online? Quali indicatori utilizzerai per valutare il tuo successo?

Conclusione

Prendersi del tempo per riflettere su queste domande ti aiuterà a consolidare le conoscenze apprese e a identificare aree di miglioramento nella tua comunicazione online. Ricorda che l'assertività è una competenza che si sviluppa con la pratica costante. Continua a mettere in pratica le strategie e le tecniche apprese e vedrai miglioramenti significativi nelle tue interazioni digitali.

CAPITOLO 2: LE BASI DELLA COMUNICAZIONE ASSERTIVA SUL WEB

Elementi della comunicazione online

La comunicazione online è una componente fondamentale delle nostre vite, sia personali che professionali. Ogni giorno, inviamo email, pubblichiamo post sui social media e partecipiamo a discussioni su forum e piattaforme di messaggistica. Tuttavia, la natura virtuale di queste interazioni presenta sfide uniche. Per essere assertivi ed efficaci online, è essenziale comprendere gli elementi fondamentali che compongono la comunicazione digitale.

In questo paragrafo, esamineremo in dettaglio i due principali elementi della comunicazione online: la comunicazione scritta e quella visiva. Analizzeremo le loro peculiarità, le tecniche per ottimizzarle e come possono essere utilizzate per esprimere le nostre idee e bisogni in modo chiaro e rispettoso. La comprensione di questi elementi ti permetterà di navigare con maggiore sicurezza nel mondo digitale, migliorando la qualità delle tue interazioni e delle tue relazioni online.

Comunicazione scritta online

La comunicazione scritta è la forma predominante di interazione nel mondo digitale. Che si tratti di email, messaggi sui social media o commenti su un blog, la nostra capacità di esprimere i nostri pensieri e sentimenti in modo chiaro e assertivo attraverso la scrittura è cruciale.

Ecco come padroneggiare questa competenza essenziale.

1. Chiarezza e concisione

Uno degli aspetti più importanti della comunicazione scritta online è la chiarezza. In un mondo dove le persone sono bombardate da informazioni, è fondamentale che i tuoi messaggi siano facilmente comprensibili e diretti. Utilizza frasi brevi e strutture semplici per evitare confusione. Ad esempio, quando scrivi un'email, inizia con un'introduzione che delinei l'argomento principale, seguita da paragrafi chiari e organizzati. Evita di usare gerghi o terminologie complesse a meno che non siano necessari, e ricorda che la semplicità è spesso la chiave per una comunicazione efficace.

2. Tono e stile appropriato

Il tono e lo stile del tuo messaggio sono cruciali per trasmettere il giusto significato e mantenere un'interazione positiva. Il tono assertivo è quello che bilancia la chiarezza con il rispetto. Evita di essere troppo aggressivo o troppo passivo. Ad esempio, se devi chiedere qualcosa a un collega via email, invece di scrivere "Devi fare questo entro domani", potresti dire "Potresti gentilmente completare questo entro domani?". Questo approccio mantiene il rispetto e la cordialità, riducendo il rischio di tensioni.

3. Struttura e formattazione

La struttura del tuo messaggio gioca un ruolo fondamentale nella sua leggibilità e comprensibilità. Usa titoli, sottotitoli, elenchi puntati e paragrafi brevi per suddividere il testo e renderlo più accessibile. Ad esempio, in un post su un blog, suddividi il contenuto in sezioni con titoli chiari che guidano il lettore attraverso il testo. Questo non solo facilita la lettura, ma aiuta anche a mantenere l'attenzione del lettore.

Una buona formattazione non solo rende il messaggio più piacevole da leggere, ma evidenzia anche i punti chiave in modo efficace.

4. Revisione e correzione

Prima di inviare un messaggio, è essenziale rivederlo attentamente per evitare errori grammaticali, di sintassi o di contenuto. Gli errori possono compromettere la tua credibilità e l'efficacia del tuo messaggio. Prenditi il tempo per rileggere e, se possibile, chiedi a un collega o a un amico di dare un'occhiata. Utilizza strumenti di controllo ortografico e grammaticale, ma non fare affidamento esclusivo su di essi. Una revisione manuale ti permetterà di assicurarti che il messaggio sia non solo corretto, ma anche chiaro e appropriato.

La comunicazione scritta online richiede una combinazione di chiarezza, tono appropriato, buona struttura e attenta revisione. Questi elementi ti aiuteranno a esprimere le tue idee in modo efficace e rispettoso, migliorando la qualità delle tue interazioni digitali. Nel contesto della mia esperienza professionale, ho visto come l'attenzione a questi dettagli possa fare la differenza tra una comunicazione efficace e un messaggio frainteso. Nei prossimi paragrafi, continueremo a esplorare ulteriori aspetti della comunicazione online, fornendoti strumenti pratici per affinare le tue competenze e ottenere risultati tangibili nella vita quotidiana.

Comunicazione visiva online

La comunicazione visiva è una componente fondamentale del mondo digitale. Le immagini, i video, le infografiche e altri elementi visivi possono catturare l'attenzione, trasmettere emozioni e migliorare la comprensione dei messaggi. Per essere efficaci nella comunicazione visiva online, è importante comprendere come utilizzare questi strumenti in modo strategico e assertivo.

1. L'importanza delle immagini

Le immagini hanno il potere di catturare l'attenzione e trasmettere un messaggio in modo rapido e immediato. Nel contesto dei social media, ad esempio, i post che includono immagini tendono a ottenere maggiori interazioni rispetto a quelli solo testuali. Le immagini possono essere utilizzate per illustrare concetti complessi, suscitare emozioni o semplicemente rendere un contenuto più accattivante. È importante scegliere immagini di alta qualità e pertinenti al messaggio che si vuole trasmettere. Ad esempio, se stai scrivendo un post sul miglioramento della produttività, un'immagine che rappresenta persone che lavorano efficacemente insieme può rafforzare il tuo messaggio.

2. Creazione e utilizzo dei video

I video sono diventati uno dei mezzi più potenti di comunicazione online. Offrono la possibilità di esprimere idee in modo dinamico e coinvolgente, combinando immagini, suoni e parole. Un video ben fatto può spiegare concetti complessi, raccontare storie avvincenti e creare un forte impatto emotivo. Ad esempio, nei corsi di formazione online che tengo, ho riscontrato che l'uso di video esplicativi aiuta i partecipanti a comprendere meglio i concetti e a mantenerli più a lungo nella memoria. È importante che i video siano ben strutturati, di qualità elevata e pertinenti al pubblico di destinazione. La pianificazione dei contenuti, la chiarezza del messaggio e la qualità tecnica sono elementi chiave per la creazione di video efficaci.

3. Utilizzo delle infografiche

Le infografiche sono strumenti visivi che combinano testo e immagini per rappresentare informazioni in modo sintetico e intuitivo. Sono particolarmente utili per spiegare dati complessi, statistiche o processi in modo chiaro e immediato. Ad esempio, in un articolo su un blog, un'infografica può riassumere le principali tendenze di mercato, rendendo il contenuto più accessibile e interessante per i lettori. Le infografiche devono essere ben progettate, con un layout chiaro, colori armoniosi e testi brevi ma informativi. Utilizzare infografiche ben fatte può migliorare notevolmente l'efficacia della comunicazione visiva online.

4. Coerenza visiva e branding

La coerenza visiva è fondamentale per costruire un'identità forte e riconoscibile online. Questo significa utilizzare uno stile visivo coerente attraverso tutti i canali di comunicazione, inclusi colori, font, layout e tipi di immagini. Un branding visivo coerente non solo rafforza l'identità del tuo marchio, ma aiuta anche a creare fiducia e riconoscibilità tra il tuo pubblico. Ad esempio, nei miei post sui social media e nei materiali didattici, utilizzo sempre lo stesso schema di colori e stile di design, il che aiuta a creare una presenza visiva riconoscibile e professionale. Mantenere questa coerenza visiva contribuisce a costruire una percezione positiva e professionale del tuo marchio.

La comunicazione visiva online richiede una combinazione di creatività, strategia e attenzione ai dettagli. Le immagini, i video, le infografiche e la coerenza visiva sono elementi chiave che possono migliorare notevolmente l'efficacia della tua comunicazione. Utilizzando questi strumenti in modo assertivo, puoi catturare l'attenzione, trasmettere messaggi complessi in modo chiaro e creare un'identità visiva forte e coerente. Nel contesto della mia esperienza professionale, ho visto come l'uso strategico della comunicazione visiva possa fare la differenza tra un messaggio efficace e uno trascurato. Nei prossimi paragrafi, continueremo a esplorare ulteriori aspetti della comunicazione online, fornendoti strumenti pratici per affinare le tue competenze e ottenere risultati tangibili nella vita quotidiana.

Comunicazione efficace sul web

La comunicazione online efficace è una competenza essenziale nel mondo digitale odierno. Con l'aumento delle interazioni virtuali, diventa cruciale saper trasmettere messaggi chiari, coerenti e autentici. Essere efficaci nella comunicazione sul web significa non solo essere comprensibili, ma anche mantenere l'integrità e la coerenza tra ciò che diciamo e ciò che facciamo. Questo capitolo esplora le fondamenta della comunicazione efficace sul web, fornendo strategie e tecniche per migliorare la tua presenza digitale e le tue relazioni online.

Coerenza tra messaggi e azioni

La coerenza tra messaggi e azioni è uno degli elementi chiave della comunicazione efficace. Nel contesto online, dove la trasparenza e l'affidabilità sono fondamentali, mantenere la coerenza è essenziale per costruire e mantenere la fiducia. Vediamo come assicurare questa coerenza nelle tue interazioni digitali.

1. L'importanza della coerenza

La coerenza tra ciò che dici e ciò che fai è cruciale per costruire fiducia e credibilità online. Quando le tue azioni riflettono i tuoi messaggi, dimostri integrità e affidabilità. Ad esempio, se prometti di rispondere ai commenti sul tuo blog entro 24 ore, è importante mantenere questa promessa. La mancata coerenza tra i tuoi messaggi e le tue azioni può erodere rapidamente la fiducia del tuo pubblico. Le persone si fidano di chi dimostra coerenza e mantenere questa coerenza è un segno di rispetto verso gli altri.

2. Essere autentici e trasparenti

Essere autentici e trasparenti nella comunicazione online significa essere onesti e aperti riguardo alle proprie intenzioni e azioni. Questo non solo rafforza la tua credibilità, ma ti aiuta anche a costruire relazioni più genuine e durature. Ad esempio, se commetti un errore, ammettilo apertamente e spiega come intendi rimediare. La trasparenza mostra al tuo pubblico che sei umano e che sei disposto a prendere responsabilità per le tue azioni. In questo modo, anche gli errori possono diventare opportunità per rafforzare la fiducia e la lealtà.

3. Monitorare e adattare il comportamento

Per mantenere la coerenza tra messaggi e azioni, è importante monitorare regolarmente il proprio comportamento online e fare le necessarie correzioni. Ad esempio, se affermi di sostenere una causa sociale, dovresti dimostrare questo supporto attraverso azioni concrete, come condividere contenuti pertinenti, partecipare a discussioni o sostenere iniziative correlate. Monitorare il tuo comportamento ti aiuta a identificare eventuali discrepanze tra ciò che dici e ciò che fai, permettendoti di correggere la rotta e mantenere l'allineamento con i tuoi valori e messaggi.

4. Creare un piano di comunicazione coerente

Avere un piano di comunicazione coerente è fondamentale per mantenere l'allineamento tra i tuoi messaggi e le tue azioni. Questo piano dovrebbe includere linee guida su come comunicare su diverse piattaforme, quali toni utilizzare e quali azioni intraprendere per supportare i tuoi messaggi. Ad esempio, se il tuo messaggio centrale riguarda l'importanza della sostenibilità, il tuo piano dovrebbe prevedere la pubblicazione di contenuti educativi sul tema, la partecipazione a eventi di sensibilizzazione e l'adozione di pratiche sostenibili nella tua attività. Un piano di comunicazione coerente ti aiuta a mantenere la direzione e a garantire che tutte le tue interazioni riflettano i tuoi valori e obiettivi.

La coerenza tra messaggi e azioni è essenziale per costruire una comunicazione online efficace. Mantenere questa coerenza richiede impegno e attenzione, ma i benefici in termini di fiducia, credibilità e relazioni durature sono inestimabili. Nel contesto della mia esperienza professionale, ho visto come la coerenza possa fare la differenza tra il successo e il fallimento delle interazioni digitali. Nei prossimi paragrafi, continueremo a esplorare ulteriori aspetti della comunicazione online, fornendoti strumenti pratici per affinare le tue competenze e ottenere risultati tangibili nella vita quotidiana.

L'importanza dell'empatia online

L'empatia è la capacità di comprendere e condividere i sentimenti degli altri. Nel contesto della comunicazione online, l'empatia diventa ancora più cruciale a causa della mancanza di segnali non verbali. Essere empatici significa mettersi nei panni dell'altro, ascoltare attivamente e rispondere in modo che l'altra persona si senta compresa e rispettata. Ecco come l'empatia può migliorare significativamente la qualità delle nostre interazioni digitali.

1. Comprendere le prospettive altrui

Essere empatici online significa fare uno sforzo consapevole per comprendere le prospettive degli altri. Questo può essere particolarmente utile in contesti di conflitto o disaccordo. Ad esempio, se un collega esprime frustrazione per un progetto in ritardo, rispondere con empatia potrebbe significare riconoscere le sue preoccupazioni e cercare di capire le difficoltà che sta affrontando. Un semplice messaggio come "Capisco che sei preoccupato per i tempi stretti. Vediamo come possiamo lavorare insieme per risolvere il problema" può fare una grande differenza nel mantenere una comunicazione positiva e costruttiva.

2. Ascoltare attivamente

L'ascolto attivo è una componente chiave dell'empatia. Anche se nel contesto online non possiamo "ascoltare" in senso tradizionale, possiamo comunque mostrare che stiamo prestando attenzione. Questo può essere fatto parafrasando ciò che l'altra persona ha detto, facendo domande per chiarire e rispondendo in modo che dimostri comprensione. Ad esempio, se qualcuno ti invia un lungo messaggio esprimendo una preoccupazione, rispondere con "Ho capito che sei preoccupato per [specifica preoccupazione], e apprezzo che tu l'abbia condivisa con me" mostra che hai letto e compreso il messaggio, rafforzando così la relazione.

3. Rispondere con rispetto e sensibilità

Quando rispondiamo con empatia, le nostre risposte devono riflettere rispetto e sensibilità. Questo è particolarmente importante nei contesti di feedback negativo o critiche. Ad esempio, se ricevi una recensione negativa su un prodotto o servizio, rispondere con empatia potrebbe significare riconoscere il problema e offrire una soluzione. Una risposta come "Mi dispiace che tu abbia avuto questa esperienza negativa. Vorremmo fare il possibile per rimediare. Potresti fornirci più dettagli in modo da poter migliorare?" non solo mostra empatia, ma dimostra anche il tuo impegno a risolvere il problema.

4. Costruire relazioni positive e durature

L'empatia è fondamentale per costruire relazioni positive e durature online. Quando le persone sentono che le loro preoccupazioni e sentimenti sono compresi e rispettati, sono più propense a fidarsi di te e a mantenere un rapporto positivo. Questo è vero sia per le relazioni personali che professionali. Ad esempio, nei miei anni di esperienza nella formazione di imprenditori e manager, ho scoperto che la costruzione di relazioni basate sull'empatia e sulla comprensione reciproca è uno dei fattori chiave per il successo a lungo termine. Un approccio empatico aiuta a creare un ambiente di lavoro collaborativo e rispettoso, dove tutti si sentono valorizzati.

L'empatia è un elemento cruciale della comunicazione efficace sul web. Comprendere le prospettive altrui, ascoltare attivamente, rispondere con rispetto e sensibilità e costruire relazioni positive sono tutte pratiche che possono migliorare significativamente la qualità delle tue interazioni online. Nel contesto della mia esperienza professionale, ho visto come l'empatia possa trasformare le comunicazioni digitali, rendendole più umane e significative. Nei prossimi paragrafi, continueremo a esplorare ulteriori aspetti della comunicazione online, fornendoti strumenti pratici per affinare le tue competenze e ottenere risultati tangibili nella vita quotidiana.

Test: Valutare le tue competenze di comunicazione online

Questo test è progettato per aiutarti a valutare la tua capacità di comunicare in modo assertivo ed efficace sul web. Rispondendo a queste domande, potrai identificare i tuoi punti di forza e le aree che richiedono miglioramento. Ogni domanda presenta quattro opzioni di risposta; scegli quella che più ti rappresenta.

Alla fine del test, calcola il numero di risposte per ciascuna opzione (A, B, C, D) e leggi l'analisi corrispondente per capire meglio il tuo profilo comunicativo. Sentiti libero di rispondere in modo sincero, poiché questo test è un'opportunità per riflettere e crescere.

Esercizi di autovalutazione

1. Quando scrivi un'email importante, come ti assicuri che il messaggio sia chiaro e comprensibile?

A) Scrivo rapidamente e invio senza rileggere.

B) Controllo velocemente il testo per errori evidenti prima di inviare.

C) Rileggo attentamente e correggo eventuali errori grammaticali.

D) Strutturo l'email in modo chiaro, uso paragrafi brevi, controllo attentamente e chiedo un feedback a un collega prima di inviare.

2. Come gestisci l'uso degli elementi visivi nelle tue comunicazioni online?

A) Non utilizzo elementi visivi, preferisco solo testo.

B) Uso immagini solo quando strettamente necessario.

C) Includo immagini per migliorare la comprensione, ma non sempre coerenti con il contenuto.

D) Uso elementi visivi strategicamente, assicurandomi che siano coerenti e pertinenti al messaggio.

3. Quanto sei coerente tra ciò che comunichi online e le tue azioni?

A) Spesso dico una cosa e ne faccio un'altra.

B) Cerco di essere coerente, ma a volte fallisco.

C) Generalmente sono coerente, ma ci sono delle eccezioni.

D) Sono sempre coerente tra i miei messaggi e le mie azioni, e monitoro costantemente questo aspetto.

4. Come esprimi empatia nelle tue interazioni online?

A) Non considero l'empatia necessaria nelle comunicazioni online.

B) Cerco di essere empatico solo quando la situazione è grave.

C) Mostro empatia nelle mie risposte quando qualcuno esprime un problema.

D) Pratico regolarmente l'ascolto attivo e rispondo con sensibilità e rispetto, indipendentemente dalla situazione.

5. Come affronti le critiche costruttive che ricevi online?

A) Le ignoro o rispondo in modo difensivo.

B) Le prendo in considerazione solo se provengono da persone che rispetto.

C) Le ascolto e cerco di migliorare, ma mi sento spesso attaccato.

D) Le accetto con apertura, ringrazio per il feedback e uso le critiche come opportunità di crescita.

Analisi dei risultati

Se hai ottenuto una maggioranza di risposte A:

Le tue abilità comunicative online mostrano una certa disattenzione e mancanza di strategia. Questo può portare a fraintendimenti e ridurre la tua efficacia nelle interazioni digitali. È importante dedicare più tempo a strutturare e rivedere i tuoi messaggi, così come a utilizzare elementi visivi per migliorare la chiarezza. Inoltre, sviluppare empatia e coerenza tra i tuoi messaggi e le tue azioni rafforzerà la tua credibilità e le tue relazioni online. Considera di prendere piccoli passi per migliorare questi aspetti, come rileggere sempre i tuoi messaggi prima di inviarli e cercare di comprendere meglio le prospettive altrui.

Se hai ottenuto una maggioranza di risposte B:

Dimostri una discreta attenzione alla comunicazione online, ma c'è ancora spazio per miglioramenti significativi. Spesso fai il minimo necessario per assicurarti che i tuoi messaggi siano chiari e pertinenti. Per diventare un comunicatore più efficace, prova a integrare maggiormente elementi visivi coerenti, a mantenere una maggiore coerenza tra i tuoi messaggi e le tue azioni, e a praticare l'empatia in modo più costante. Questo approccio ti aiuterà a costruire relazioni più forti e a migliorare la tua presenza online.

Se hai ottenuto una maggioranza di risposte C:

Le tue abilità comunicative online sono generalmente buone, ma ci sono ancora margini di miglioramento. Sei abbastanza coerente e utilizzi elementi visivi per migliorare la comprensione, ma potresti fare di più per assicurarti che ogni messaggio sia il più efficace possibile. Continuare a lavorare sulla tua empatia e a rivedere i tuoi messaggi per garantire chiarezza e precisione ti aiuterà a diventare un comunicatore ancora più assertivo e rispettato. Considera di stabilire routine regolari per rivedere e migliorare continuamente le tue abilità comunicative.

Se hai ottenuto una maggioranza di risposte D:

Le tue abilità comunicative online sono eccellenti. Dimostri una grande attenzione ai dettagli, coerenza tra i tuoi messaggi e le tue azioni, e un forte senso di empatia. Queste qualità ti permettono di costruire e mantenere relazioni positive e di essere percepito come una persona affidabile e rispettata. Continua a praticare e affinare queste competenze, e considera di condividere le tue strategie con gli altri per aiutarli a migliorare le loro capacità comunicative. Il tuo impegno verso la comunicazione efficace ti porterà sicuramente a ottenere grandi risultati nel mondo digitale.

Riflessione finale

Questo test è uno strumento prezioso per riflettere sulle tue abilità di comunicazione online e per identificare aree di miglioramento. Utilizza i risultati come guida per sviluppare ulteriormente le tue competenze, concentrandoti sulla chiarezza, la coerenza e l'empatia. La comunicazione assertiva è una competenza che si sviluppa con la pratica costante, e ogni piccolo passo verso il miglioramento può fare una grande differenza nelle tue interazioni digitali.

Prenditi del tempo per riflettere su come puoi applicare le nuove conoscenze nella tua vita quotidiana. Considera di rivedere periodicamente questo test per monitorare i tuoi progressi e per continuare a crescere come comunicatore assertivo. Ricorda, la chiave del successo nella comunicazione online è essere autentici, rispettosi e consapevoli delle esigenze degli altri.

Domande di Riflessione per il Capitolo 2

Queste domande di riflessione sono state progettate per aiutarti a interiorizzare meglio i concetti trattati in questo capitolo. Prenditi del tempo per rispondere a ciascuna domanda in modo sincero e approfondito. L'obiettivo è stimolare un autoesame critico che ti permetta di applicare le nuove conoscenze nella tua vita quotidiana. Utilizza queste domande come strumento per valutare le tue esperienze di comunicazione online e per identificare aree di miglioramento. Le risposte ti aiuteranno a sviluppare una comunicazione più efficace e assertiva, migliorando le tue interazioni digitali.

Elementi della comunicazione online

1. Comunicazione scritta online

Come strutturi i tuoi messaggi scritti online per assicurarti che siano chiari e comprensibili? Puoi fornire un esempio recente?

Quali tecniche usi per mantenere un tono appropriato nelle tue comunicazioni scritte? Hai mai dovuto correggere il tono di un messaggio dopo averlo riletto?

Rifletti su un caso in cui una cattiva formattazione del messaggio ha portato a un malinteso. Cosa avresti potuto fare diversamente?

In che modo la revisione e la correzione dei tuoi messaggi scritti migliorano la qualità delle tue comunicazioni? Puoi descrivere un esempio concreto?

2. Comunicazione visiva online

Quanto spesso utilizzi immagini, video o infografiche nelle tue comunicazioni online? Quali sono i benefici e le sfide di integrare elementi visivi nei tuoi messaggi?

Rifletti su un'occasione in cui un elemento visivo ha significativamente migliorato la comprensione di un messaggio complesso. Come puoi applicare questa strategia nelle tue future comunicazioni?

Come mantieni la coerenza visiva nel tuo branding online? Hai esempi di come questa coerenza abbia rafforzato la tua identità professionale?

In che modo puoi migliorare l'uso degli elementi visivi nelle tue comunicazioni online per renderle più accattivanti e comprensibili?

Comunicazione efficace sul web

3. Coerenza tra messaggi e azioni

Puoi descrivere un esempio in cui hai mantenuto la coerenza tra i tuoi messaggi e le tue azioni online? Quali effetti ha avuto sulla tua credibilità e sulle tue relazioni?

Hai mai riscontrato una discrepanza tra ciò che hai detto e ciò che hai fatto online? Come hai gestito la situazione e cosa hai imparato da essa?

In che modo puoi monitorare e adattare il tuo comportamento online per garantire coerenza tra i tuoi messaggi e le tue azioni?

Quali passi puoi intraprendere per creare un piano di comunicazione coerente che rifletta i tuoi valori e obiettivi?

4. L'importanza dell'empatia online

Puoi descrivere una situazione in cui hai mostrato empatia online? Quale impatto ha avuto sull'interazione e sulla relazione con l'altra persona?

Come pratichi l'ascolto attivo nelle tue comunicazioni digitali? Hai esempi di quando l'ascolto attivo ha migliorato la comprensione e la risoluzione dei conflitti?

In che modo puoi migliorare la tua capacità di rispondere con rispetto e sensibilità nelle comunicazioni online?

Quali strategie puoi adottare per costruire relazioni positive e durature attraverso l'empatia nelle tue interazioni digitali?

Conclusione

Prendersi del tempo per riflettere su queste domande ti aiuterà a consolidare le conoscenze apprese e a identificare aree di miglioramento nella tua comunicazione online. Ricorda che la comunicazione assertiva ed empatica è una competenza che si sviluppa con la pratica costante. Continuare a mettere in pratica le strategie e le tecniche apprese ti porterà a migliorare significativamente le tue interazioni digitali e a ottenere risultati tangibili nella vita quotidiana.

CAPITOLO 3: ASSERTIVITÀ SUI SOCIAL MEDIA

Assertività su LinkedIn

LinkedIn è la piattaforma professionale per eccellenza, dove puoi connetterti con colleghi, potenziali clienti, e leader del settore. Essere assertivi su LinkedIn significa non solo presentare un'immagine professionale e credibile, ma anche comunicare i tuoi obiettivi, esperienze e competenze in modo chiaro e deciso. La costruzione di un profilo assertivo su LinkedIn è fondamentale per fare una buona prima impressione e per attrarre opportunità professionali. In questo paragrafo, esploreremo come creare un profilo LinkedIn che rifletta la tua personalità assertiva e le tue capacità professionali.

Costruire un profilo assertivo

Costruire un profilo assertivo e professionale su LinkedIn richiede attenzione ai dettagli e una strategia ben definita. Un profilo ben costruito non solo aumenta la tua visibilità, ma trasmette anche la tua professionalità e competenza. Ecco come farlo in modo efficace.

1. Ottimizzare il titolo professionale e il riepilogo

Il titolo professionale e il riepilogo sono le prime cose che i visitatori vedono sul tuo profilo. Il titolo deve essere chiaro, conciso e riflettere esattamente chi sei e cosa fai. Evita titoli generici come "Manager" e opta per descrizioni specifiche come "Esperto di Comunicazione Assertiva e Formatore". Il riepilogo, d'altra parte, dovrebbe fornire una panoramica delle tue competenze, esperienze e obiettivi. Utilizza un tono assertivo e coinvolgente, mettendo in evidenza i tuoi successi e ciò che ti distingue dagli altri. Ad esempio: "Sono Alessandro Ferrari, con oltre vent'anni di esperienza nella comunicazione assertiva e nella formazione di imprenditori e manager. La mia missione è aiutare i professionisti a migliorare le loro competenze comunicative per ottenere risultati straordinari."

2. Dettagliare le esperienze lavorative e le competenze

Le sezioni delle esperienze lavorative e delle competenze sono fondamentali per dimostrare la tua expertise. Descrivi ogni posizione lavorativa con dettagli concreti, evidenziando i tuoi risultati e le competenze acquisite. Usa numeri e dati quantificabili per rendere più tangibili i tuoi successi. Ad esempio, invece di dire semplicemente "Ho gestito un team", puoi dire "Ho gestito un team di 10 persone, aumentando la produttività del 20% in sei mesi". Inoltre, la sezione delle competenze deve essere aggiornata e riflettere le tue reali abilità. Chiedi ai tuoi colleghi e contatti di confermare le tue competenze per aumentare la credibilità del tuo profilo.

3. Curare la sezione delle raccomandazioni

Le raccomandazioni sono testimonianze preziose che possono rafforzare la tua reputazione professionale. Chiedi raccomandazioni ai colleghi, supervisori e clienti con cui hai lavorato, specificando quali aspetti del tuo lavoro vorresti che venissero evidenziati. Una raccomandazione ben scritta può fare una grande differenza nel modo in cui vieni percepito dai visitatori del tuo profilo. Assicurati che le raccomandazioni riflettano la tua assertività e le tue competenze, come ad esempio: "Alessandro è un esperto di comunicazione che ha trasformato la nostra strategia aziendale, portando a un incremento significativo della produttività."

4. Utilizzare contenuti multimediali

Aggiungere contenuti multimediali come video, presentazioni e articoli pubblicati può arricchire il tuo profilo LinkedIn e dimostrare la tua competenza in modo più dinamico. Condividi contenuti che hai creato o ai quali hai contribuito, come webinar, articoli su blog di settore o presentazioni aziendali. Questi contenuti non solo mostrano la tua esperienza, ma offrono anche valore ai visitatori del tuo profilo, aumentando la tua credibilità. Ad esempio, potresti includere un video di una tua presentazione su tecniche di comunicazione assertiva o un link a un articolo che hai scritto su come migliorare le relazioni professionali.

Costruire un profilo assertivo e professionale su LinkedIn richiede impegno e strategia. Ottimizzare il titolo e il riepilogo, dettagliare accuratamente le esperienze lavorative e le competenze, curare la sezione delle raccomandazioni e utilizzare contenuti multimediali sono passi essenziali per creare un profilo che rispecchi la tua personalità e competenza. Un profilo LinkedIn ben costruito non solo aumenta la tua visibilità, ma ti distingue anche come un professionista credibile e assertivo. Continuando a migliorare e aggiornare il tuo profilo, potrai attrarre sempre nuove opportunità e costruire una rete professionale solida e di valore.

Gestire le connessioni in modo assertivo

Gestire le connessioni su LinkedIn in modo assertivo è essenziale per costruire una rete professionale solida e di valore. La tua rete su LinkedIn non è solo un elenco di contatti, ma una comunità di professionisti con cui puoi interagire, collaborare e crescere. Ecco come gestire le connessioni in modo assertivo, mantenendo un equilibrio tra cortesia e professionalità.

1. Selezionare le connessioni in modo strategico

Essere selettivi nella scelta delle connessioni su LinkedIn è il primo passo per costruire una rete di valore. Accettare ogni richiesta di connessione indiscriminatamente può diluire la qualità della tua rete. Invece, valuta attentamente ogni richiesta, considerando se la persona può apportare valore alla tua rete professionale o se tu puoi apportare valore alla sua. Ad esempio, se ricevi una richiesta di connessione da un professionista del tuo settore, controlla il suo profilo per capire meglio il suo background e i suoi interessi. Questo ti aiuterà a costruire una rete coerente con i tuoi obiettivi professionali e a mantenere un elevato standard di connessioni.

2. Iniziare conversazioni in modo assertivo

Dopo aver accettato una richiesta di connessione o essere stato accettato, è importante iniziare le conversazioni in modo assertivo. Invia un messaggio di benvenuto personalizzato che dimostri interesse per il profilo e le competenze della nuova connessione. Evita messaggi generici come "Grazie per la connessione" e opta per qualcosa di più specifico come "Ciao [Nome], grazie per avermi connesso. Ho notato che condividiamo un interesse per [argomento]. Mi piacerebbe saperne di più sulla tua esperienza in [campo]." Questo approccio mostra che hai preso il tempo di esaminare il profilo della persona e sei interessato a costruire una relazione significativa.

3. Mantenere le relazioni attive

Gestire le connessioni in modo assertivo significa anche mantenere attive le relazioni. Non basta connettersi e poi dimenticare la persona. Interagisci regolarmente con i tuoi contatti, commentando i loro post, condividendo contenuti rilevanti e inviando messaggi di follow-up periodici. Ad esempio, se un contatto pubblica un articolo interessante, lascia un commento costruttivo che aggiunga valore alla discussione. Inoltre, invia messaggi di aggiornamento periodici, soprattutto se hai notizie rilevanti o hai raggiunto un traguardo importante. Questo dimostra che sei attivo e interessato a mantenere una relazione professionale solida e duratura.

4. Gestire le richieste di assistenza in modo assertivo

Ricevere richieste di assistenza o collaborazione è comune su LinkedIn. Essere assertivi significa rispondere a queste richieste in modo chiaro e deciso, senza sentirsi obbligati ad accettare ogni proposta. Se una richiesta non è allineata con i tuoi obiettivi o capacità, rispondi in modo cortese ma fermo. Ad esempio, potresti dire: "Grazie per aver pensato a me per questo progetto. Attualmente, sono concentrato su altre priorità, quindi non posso impegnarmi in questa collaborazione. Ti auguro il meglio e spero di poter collaborare in futuro." Questo approccio ti permette di mantenere la professionalità e il rispetto, pur essendo chiaro sui tuoi limiti e disponibilità.

Gestire le connessioni su LinkedIn in modo assertivo richiede una combinazione di selettività, iniziativa, interazione costante e capacità di gestione delle richieste. Essere strategici nella scelta delle connessioni, iniziare conversazioni significative, mantenere le relazioni attive e gestire le richieste con chiarezza ti aiuterà a costruire una rete professionale di valore. Nel contesto della mia esperienza professionale, ho visto come un approccio assertivo possa trasformare le connessioni superficiali in relazioni professionali significative e produttive. Continuando a migliorare queste competenze, potrai ottenere risultati tangibili e duraturi nella tua vita professionale.

Assertività su Facebook

Facebook è una delle piattaforme social più utilizzate al mondo, permettendo a miliardi di persone di connettersi con amici, familiari e conoscenti. Tuttavia, la vasta gamma di interazioni che avvengono su Facebook può spesso portare a malintesi, conflitti e incomprensioni. Essere assertivi su Facebook significa comunicare in modo chiaro, rispettoso e deciso, mantenendo relazioni sane e positive.

In questo paragrafo, esploreremo come essere assertivi su Facebook, concentrandoci su come comunicare efficacemente con amici e conoscenti.

Comunicare con amici e conoscenti

Comunicare con amici e conoscenti su Facebook richiede un equilibrio tra autenticità e rispetto. Essere assertivi in queste interazioni significa esprimere i propri pensieri e sentimenti in modo chiaro, senza essere aggressivi o passivi. Ecco come gestire le comunicazioni su Facebook in modo assertivo ed efficace.

1. Esprimere se stessi chiaramente

Quando comunichi con amici e conoscenti su Facebook, è importante esprimere i tuoi pensieri e sentimenti in modo chiaro e diretto. Utilizza un linguaggio semplice e preciso per evitare malintesi. Ad esempio, se vuoi condividere un'opinione su un argomento controverso, spiegati chiaramente e argomenta le tue posizioni senza attaccare chi la pensa diversamente. Puoi dire: "Capisco che ci sono diverse opinioni su questo tema. Personalmente, credo che... perché...". Questo approccio dimostra rispetto per le opinioni altrui mentre affermi chiaramente la tua.

2. Rispondere alle critiche con calma

Le critiche sono inevitabili su Facebook, specialmente quando si condividono opinioni o esperienze personali. Essere assertivi significa rispondere alle critiche con calma e rispetto, senza cedere alla tentazione di rispondere in modo aggressivo o difensivo. Ad esempio, se qualcuno critica un tuo post, puoi rispondere con: "Apprezzo il tuo punto di vista. La mia intenzione era...". Questo metodo di risposta aiuta a mantenere il dialogo costruttivo e dimostra la tua capacità di gestire le critiche in modo maturo.

3. Stabilire confini chiari

Stabilire confini chiari è essenziale per mantenere relazioni sane su Facebook. Questo include decidere quali informazioni personali condividere, con chi interagire e come gestire le richieste di amicizia. Se un amico o un conoscente pubblica commenti inappropriati sul tuo profilo, è importante affrontare la situazione in modo assertivo. Puoi dire: "Preferirei che non condividessi questo tipo di commenti sul mio profilo. Grazie per la comprensione." Stabilire confini chiari aiuta a proteggere la tua privacy e a mantenere un ambiente positivo sul tuo profilo.

4. Mantenere il rispetto reciproco

Il rispetto reciproco è la base di ogni comunicazione assertiva su Facebook. Questo significa ascoltare attivamente i tuoi amici e conoscenti, riconoscere i loro sentimenti e rispondere in modo empatico. Ad esempio, se un amico condivide una difficoltà personale, rispondi con comprensione e supporto: "Mi dispiace sapere che stai passando un momento difficile. Sono qui se hai bisogno di parlare." Mantenere il rispetto reciproco nelle interazioni su Facebook aiuta a rafforzare le relazioni e a creare un ambiente di supporto e comprensione.

Comunicare con amici e conoscenti su Facebook in modo assertivo richiede chiarezza, calma, confini chiari e rispetto reciproco. Esprimere i propri pensieri in modo chiaro, rispondere alle critiche con calma, stabilire confini personali e mantenere il rispetto reciproco sono tutti aspetti fondamentali per mantenere relazioni sane e positive sulla piattaforma. Nel contesto della mia esperienza professionale, ho visto come un approccio assertivo possa trasformare le interazioni su Facebook, rendendole più costruttive e soddisfacenti. Continuando a migliorare queste competenze, potrai ottenere risultati tangibili e duraturi nelle tue relazioni online.

Gestire i conflitti su Facebook

Gestire i conflitti su Facebook in modo assertivo è essenziale per mantenere relazioni sane e per preservare un ambiente positivo sulla piattaforma. I conflitti possono nascere per molte ragioni, dalle differenze di opinione a fraintendimenti o comportamenti inappropriati. Ecco come affrontare e gestire i conflitti su Facebook in modo assertivo ed efficace.

1. Riconoscere e affrontare il conflitto

Il primo passo per gestire un conflitto su Facebook è riconoscere che esiste e affrontarlo direttamente. Ignorare un conflitto o sperare che si risolva da solo raramente è una strategia efficace. Quando noti un conflitto, prenditi il tempo per analizzare la situazione e capire le cause sottostanti. Ad esempio, se un amico ha lasciato un commento critico su uno dei tuoi post, valuta se il commento è costruttivo o se nasconde un malinteso. Affrontare il conflitto in modo tempestivo e diretto dimostra che sei disposto a risolvere la situazione in modo rispettoso e maturo.

2. Utilizzare un linguaggio chiaro e rispettoso

Quando gestisci un conflitto su Facebook, è fondamentale utilizzare un linguaggio chiaro e rispettoso. Evita di rispondere in modo impulsivo o emotivo, e prendi il tempo necessario per formulare una risposta ponderata. Utilizza frasi che esprimono i tuoi sentimenti e opinioni senza accusare l'altra persona. Ad esempio, invece di dire "Sei sempre critico nei miei confronti", puoi dire "Mi sento frustrato quando i miei post vengono criticati in questo modo. Preferirei discutere in modo costruttivo." Questo approccio riduce la probabilità di inasprire il conflitto e apre la porta a una comunicazione più positiva.

3. Ascoltare attivamente e mostrare empatia

L'ascolto attivo e l'empatia sono componenti chiave della gestione dei conflitti in modo assertivo. Quando rispondi a un conflitto su Facebook, fai uno sforzo per comprendere la prospettiva dell'altra persona. Leggi attentamente i loro commenti e rispondi in modo che dimostri che hai compreso le loro preoccupazioni. Puoi dire qualcosa come: "Capisco che tu possa sentirti in questo modo, e apprezzo che tu abbia condiviso il tuo punto di vista." Mostrare empatia aiuta a depotenziare la situazione e a costruire un dialogo più costruttivo.

4. Cercare soluzioni costruttive

Infine, per gestire un conflitto su Facebook in modo assertivo, è importante concentrarsi sulla ricerca di soluzioni costruttive. Invece di cercare di "vincere" il conflitto, lavora con l'altra persona per trovare un compromesso o una soluzione che sia accettabile per entrambe le parti.

Ad esempio, se il conflitto riguarda un argomento controverso, puoi suggerire di spostare la discussione in un messaggio privato per evitare che il dibattito diventi pubblico e potenzialmente dannoso. Proporre soluzioni mostra che sei impegnato a risolvere il conflitto in modo positivo e costruttivo.

Gestire i conflitti su Facebook in modo assertivo richiede riconoscere e affrontare il conflitto, utilizzare un linguaggio chiaro e rispettoso, ascoltare attivamente e mostrare empatia, e cercare soluzioni costruttive. Queste strategie ti aiuteranno a mantenere relazioni sane e a preservare un ambiente positivo sulla piattaforma. Nel contesto della mia esperienza professionale, ho visto come un approccio assertivo possa trasformare le interazioni conflittuali su Facebook, rendendole più costruttive e soddisfacenti. Continuando a migliorare queste competenze, potrai ottenere risultati tangibili e duraturi nelle tue relazioni online.

Assertività su Instagram

Instagram è una delle piattaforme social più visive e dinamiche, con oltre un miliardo di utenti attivi mensili. È il luogo ideale per costruire e rafforzare il proprio personal brand, connettersi con un vasto pubblico e condividere contenuti visivi accattivanti. Essere assertivi su Instagram significa presentarsi in modo autentico e professionale, comunicando chiaramente i propri valori, obiettivi e competenze.

In questo paragrafo, esploreremo come creare un profilo Instagram che rifletta la tua personalità assertiva e attiri un pubblico interessato e coinvolto.

Creare un profilo assertivo

Creare un profilo assertivo su Instagram richiede attenzione ai dettagli e una strategia chiara. Un profilo ben strutturato non solo cattura l'attenzione, ma trasmette anche un'immagine professionale e coerente.

Ecco come farlo in modo efficace.

1. Ottimizzare la biografia

La biografia è la prima cosa che i visitatori vedono quando accedono al tuo profilo, quindi è fondamentale che sia chiara, concisa e rappresentativa di chi sei e cosa fai. Utilizza un linguaggio assertivo per descrivere te stesso e il tuo brand. Ad esempio, invece di scrivere "Amo la fotografia", puoi scrivere "Fotografo professionista specializzato in ritratti e paesaggi". Assicurati di includere parole chiave rilevanti per il tuo settore, in modo che gli utenti possano trovarti facilmente attraverso le ricerche. Inoltre, non dimenticare di inserire un link al tuo sito web o a una pagina di contatto per facilitare ulteriori interazioni.

2. Utilizzare immagini di alta qualità

Instagram è una piattaforma visiva, quindi le immagini che pubblichi devono essere di alta qualità e coerenti con il tuo brand. Utilizza fotografie professionali e ben curate che riflettano la tua personalità e il tuo stile. Le immagini devono essere luminose, nitide e ben composte. Ad esempio, se sei un consulente di comunicazione, pubblica immagini che mostrano il tuo lavoro, i tuoi eventi e i tuoi momenti di ispirazione. Ricorda che ogni immagine contribuisce a costruire la tua reputazione online, quindi dedica il giusto tempo alla selezione e alla modifica delle foto.

3. Creare contenuti coerenti e coinvolgenti

La coerenza è fondamentale per mantenere un profilo assertivo su Instagram. Questo significa pubblicare contenuti che siano in linea con il tuo brand e i tuoi obiettivi. Pianifica un calendario editoriale e mantieni una frequenza di pubblicazione regolare. Ad esempio, puoi decidere di pubblicare una volta al giorno o tre volte a settimana, a seconda della tua disponibilità e delle esigenze del tuo pubblico. I contenuti devono essere variati e coinvolgenti, includendo foto, video, storie e post IGTV. Utilizza didascalie assertive e coinvolgenti che invitino i tuoi follower a interagire e a partecipare alle discussioni.

4. Interagire attivamente con i follower

Essere assertivi su Instagram non significa solo pubblicare contenuti, ma anche interagire attivamente con i tuoi follower. Rispondi ai commenti, ringrazia per i complimenti e gestisci le critiche in modo costruttivo. Mostrare interesse e riconoscimento per il tuo pubblico aiuta a costruire una comunità leale e coinvolta. Ad esempio, se qualcuno lascia un commento positivo su una tua foto, rispondi con un messaggio personalizzato come "Grazie mille per il tuo feedback! Sono felice che ti sia piaciuto questo scatto." Inoltre, utilizza le storie di Instagram per interagire in tempo reale con i tuoi follower, ponendo domande, creando sondaggi e condividendo momenti dietro le quinte.

Creare un profilo assertivo su Instagram richiede ottimizzazione della biografia, utilizzo di immagini di alta qualità, creazione di contenuti coerenti e coinvolgenti e interazione attiva con i follower. Questi elementi ti aiuteranno a costruire un'immagine professionale e autentica, attirando un pubblico interessato e leale. Nel contesto della mia esperienza professionale, ho visto come un approccio assertivo possa trasformare la presenza su Instagram, rendendola più efficace e gratificante. Continuando a migliorare queste competenze, potrai ottenere risultati tangibili e duraturi nella tua vita professionale e personale.

Gestire i commenti su Instagram

Gestire i commenti su Instagram in modo assertivo è fondamentale per mantenere un ambiente positivo e per proteggere la tua immagine online. I commenti possono variare da feedback positivi a critiche costruttive, fino a commenti negativi e inappropriati. Ecco come affrontare e gestire i commenti su Instagram in modo assertivo ed efficace.

1. Rispondere ai commenti positivi

Rispondere ai commenti positivi è un modo efficace per mostrare gratitudine e rafforzare le relazioni con i tuoi follower. Quando ricevi un complimento o un feedback positivo, prenditi il tempo per rispondere in modo personalizzato. Ad esempio, invece di rispondere semplicemente con "Grazie", puoi dire: "Grazie mille per il tuo gentile commento! Sono felice che il contenuto ti sia piaciuto." Questo tipo di risposta non solo dimostra che apprezzi il supporto, ma incoraggia anche ulteriori interazioni positive. Personalizzare le risposte ai commenti positivi mostra che tieni ai tuoi follower e che sei impegnato a costruire una comunità coinvolta.

2. Gestire le critiche costruttive

Le critiche costruttive sono un'opportunità per migliorare e crescere. Quando ricevi critiche costruttive su Instagram, è importante rispondere in modo assertivo e aperto. Prima di rispondere, prenditi il tempo per leggere attentamente il commento e riflettere su quanto detto. Rispondi ringraziando per il feedback e spiegando come intendi affrontare la critica. Ad esempio: "Grazie per il tuo feedback. Capisco il tuo punto di vista e lavorerò per migliorare questo aspetto nei prossimi post." Questo approccio mostra che sei aperto alle critiche e disposto a migliorare, rafforzando la tua credibilità e professionalità.

3. Affrontare i commenti negativi

I commenti negativi possono essere difficili da gestire, ma è essenziale affrontarli in modo assertivo e rispettoso. Evita di rispondere in modo impulsivo o emotivo. Invece, prendi il tempo per calmarti e formulare una risposta ponderata. Se il commento è offensivo o inappropriato, puoi scegliere di eliminarlo o segnalare l'utente. Se decidi di rispondere, fallo in modo calmo e rispettoso. Ad esempio: "Mi dispiace che tu ti senta così. Se hai ulteriori feedback, ti invito a condividerli in modo costruttivo." Questo dimostra che sei in grado di gestire i conflitti in modo maturo e che non tolleri comportamenti inappropriati sul tuo profilo.

4. Promuovere un ambiente positivo

Mantenere un ambiente positivo su Instagram è essenziale per costruire una comunità leale e coinvolta. Incoraggia i tuoi follower a interagire in modo rispettoso e costruttivo, e modera i commenti per mantenere un tono positivo. Puoi stabilire linee guida chiare per le interazioni sul tuo profilo, indicando cosa è accettabile e cosa no. Ad esempio, puoi pubblicare un post o includere nelle tue storie le regole di interazione, come: "Questo è uno spazio di rispetto reciproco. Commenti offensivi o inappropriati non saranno tollerati." Promuovere un ambiente positivo non solo protegge la tua immagine, ma crea anche uno spazio sicuro e accogliente per tutti i tuoi follower.

Gestire i commenti su Instagram in modo assertivo richiede rispondere ai commenti positivi, gestire le critiche costruttive, affrontare i commenti negativi e promuovere un ambiente positivo. Questi passaggi ti aiuteranno a mantenere un profilo professionale e a costruire una comunità leale e coinvolta. Nel contesto della mia esperienza professionale, ho visto come un approccio assertivo possa trasformare le interazioni su Instagram, rendendole più costruttive e gratificanti. Continuando a migliorare queste competenze, potrai ottenere risultati tangibili e duraturi nelle tue relazioni online.

Assertività su X (ex Twitter)

X, precedentemente conosciuto come Twitter, è una piattaforma potente per la condivisione di idee, la costruzione di un network professionale e l'interazione con un vasto pubblico in tempo reale. Con i suoi brevi e incisivi messaggi, X permette di comunicare in modo rapido ed efficace, ma richiede anche un'attenta gestione della propria immagine e delle proprie interazioni. Essere assertivi su X significa esprimere le proprie opinioni in modo chiaro e deciso, mantenendo sempre un tono rispettoso e professionale.

In questo paragrafo, esploreremo come creare un profilo assertivo su X che rifletta la tua personalità e competenza.

Creare un profilo assertivo su X

Creare un profilo assertivo su X richiede una strategia ben definita e attenzione ai dettagli. Un profilo ben curato non solo attira l'attenzione, ma trasmette anche un'immagine di professionalità e competenza. Ecco come farlo in modo efficace.

1. Ottimizzare la biografia e la foto del profilo

La biografia e la foto del profilo sono i primi elementi che gli utenti notano quando visitano il tuo profilo su X. La biografia deve essere chiara, concisa e riflettere chi sei e cosa fai. Utilizza parole chiave pertinenti al tuo settore e un linguaggio assertivo per descrivere te stesso. Ad esempio, invece di "Appassionato di marketing", puoi scrivere "Esperto di marketing digitale con 10 anni di esperienza". La foto del profilo deve essere professionale e riconoscibile, preferibilmente un primo piano che mostra il tuo viso. Una biografia ben scritta e una foto professionale creano una prima impressione forte e positiva.

2. Creare contenuti di valore

Su X, la qualità dei contenuti è fondamentale. Pubblica tweet che siano rilevanti e di valore per il tuo pubblico. Questo include condividere articoli interessanti, opinioni informate su tematiche attuali e aggiornamenti professionali. Utilizza un linguaggio chiaro e assertivo per esprimere le tue idee, evitando ambiguità e mantenendo sempre un tono rispettoso. Ad esempio, se condividi un articolo, aggiungi un commento personale che evidenzi la tua opinione: "Un'analisi interessante sulle nuove tendenze del marketing digitale. Concordo pienamente sull'importanza di adattarsi ai cambiamenti tecnologici." Questo approccio dimostra la tua competenza e coinvolge il tuo pubblico in discussioni significative.

3. Interagire in modo assertivo

Interagire con gli altri utenti su X è cruciale per costruire una rete di valore. Rispondi ai tweet, partecipa alle discussioni e retwitta contenuti rilevanti, aggiungendo sempre il tuo punto di vista. Quando rispondi ai commenti, utilizza un tono assertivo ma rispettoso. Se qualcuno solleva una critica, rispondi in modo costruttivo: "Grazie per il tuo feedback. Comprendo il tuo punto di vista e apprezzo la discussione." Questo dimostra che sei aperto al dialogo e in grado di gestire le critiche in modo professionale. Inoltre, ringrazia chi ti supporta e riconosci pubblicamente i contributi positivi dei tuoi follower.

4. Mantenere la coerenza

La coerenza è fondamentale per mantenere un profilo assertivo su X. Questo significa pubblicare contenuti regolarmente e mantenere un tono uniforme in tutte le tue interazioni. Stabilire un calendario editoriale può aiutarti a pianificare i tuoi tweet e a garantire che pubblichi contenuti di qualità in modo costante. Ad esempio, puoi decidere di twittare una volta al giorno o tre volte a settimana, a seconda della tua disponibilità e degli interessi del tuo pubblico. La coerenza nei tuoi tweet e nelle tue interazioni costruisce fiducia e rafforza la tua immagine professionale.

Creare un profilo assertivo su X richiede ottimizzazione della biografia e della foto del profilo, creazione di contenuti di valore, interazione assertiva con gli altri utenti e mantenimento della coerenza. Questi elementi ti aiuteranno a costruire un'immagine professionale e autorevole, attirando un pubblico interessato e coinvolto. Nel contesto della mia esperienza professionale, ho visto come un approccio assertivo possa trasformare la presenza su X, rendendola più efficace e gratificante. Continuando a migliorare queste competenze, potrai ottenere risultati tangibili e duraturi nelle tue relazioni online.

Gestire le discussioni su X

Gestire le discussioni su X richiede un approccio assertivo per mantenere un dialogo rispettoso e costruttivo. Le discussioni su questa piattaforma possono essere rapide e intense, rendendo fondamentale la capacità di esprimere le proprie opinioni in modo chiaro e di gestire le interazioni in modo positivo. Ecco come affrontare e gestire le discussioni su X in modo assertivo ed efficace.

1. Partecipare in modo costruttivo

Quando partecipi a una discussione su X, è importante contribuire in modo costruttivo. Leggi attentamente i tweet degli altri partecipanti prima di rispondere, assicurandoti di comprendere il contesto e il tono della conversazione. Evita di rispondere in modo impulsivo o emotivo. Invece, prenditi il tempo necessario per formulare una risposta ponderata che aggiunga valore alla discussione. Ad esempio, se qualcuno solleva un punto interessante, puoi rispondere con: "Ottima osservazione! Aggiungerei che..." Questo dimostra che stai ascoltando attivamente e che sei interessato a contribuire in modo positivo e significativo.

2. Mantenere un tono rispettoso

Mantenere un tono rispettoso è cruciale per gestire le discussioni su X in modo assertivo. Anche se non sei d'accordo con un'opinione, esprimi il tuo dissenso in modo cortese e rispettoso. Evita attacchi personali o linguaggio offensivo. Ad esempio, invece di dire "Non sai di cosa stai parlando", puoi dire "Capisco il tuo punto di vista, ma non sono d'accordo perché...". Questo approccio mantiene il dialogo civile e aperto, e dimostra che sei in grado di gestire le divergenze in modo maturo e professionale.

3. Gestire le critiche e i conflitti

Le critiche e i conflitti sono inevitabili nelle discussioni su X. Quando affronti critiche, rispondi in modo calmo e assertivo, senza lasciarti coinvolgere emotivamente. Ringrazia per il feedback, anche se negativo, e rispondi in modo costruttivo. Ad esempio: "Grazie per il tuo feedback. Posso capire perché potresti vedere le cose in questo modo. Ecco il mio punto di vista...". Se un conflitto si intensifica, puoi scegliere di spostare la conversazione in un messaggio privato per evitare che il dibattito diventi pubblico e potenzialmente dannoso. Questo mostra che sei disposto a risolvere i conflitti in modo privato e rispettoso.

4. Promuovere un dialogo aperto e inclusivo

Promuovere un dialogo aperto e inclusivo è essenziale per gestire le discussioni su X in modo assertivo. Invita altre persone a partecipare alla conversazione e rispondi ai loro contributi in modo positivo. Ad esempio, se qualcuno risponde al tuo tweet, riconosci il loro contributo e continua la discussione: "Grazie per il tuo commento! Che ne pensi di...?". Questo non solo arricchisce la discussione, ma dimostra anche che sei aperto a diverse prospettive e che valorizzi l'interazione con gli altri utenti.

Gestire le discussioni su X in modo assertivo richiede partecipare in modo costruttivo, mantenere un tono rispettoso, gestire le critiche e i conflitti con calma, e promuovere un dialogo aperto e inclusivo. Questi passaggi ti aiuteranno a mantenere un profilo professionale e a costruire una comunità leale e coinvolta. Nel contesto della mia esperienza professionale, ho visto come un approccio assertivo possa trasformare le interazioni su X, rendendole più costruttive e gratificanti. Continuando a migliorare queste competenze, potrai ottenere risultati tangibili e duraturi nelle tue relazioni online.

Test: Assertività sui social media

Questo test è progettato per aiutarti a valutare la tua capacità di essere assertivo sui social media, in particolare su LinkedIn, Facebook, Instagram e X (ex Twitter). Rispondendo a queste domande, potrai identificare i tuoi punti di forza e le aree che richiedono miglioramento. Ogni domanda presenta quattro opzioni di risposta; scegli quella che più ti rappresenta. Alla fine del test, calcola il numero di risposte per ciascuna opzione (A, B, C, D) e leggi l'analisi corrispondente per capire meglio il tuo profilo comunicativo.

Sentiti libero di rispondere in modo sincero, poiché questo test è un'opportunità per riflettere e crescere.

Questionario di autovalutazione

Come descrivi te stesso nella tua biografia su LinkedIn?

A) Non ho ancora compilato la mia biografia.

B) Ho inserito poche informazioni generiche.

C) Ho scritto una biografia dettagliata, ma poco personalizzata.

D) La mia biografia è chiara, concisa e riflette pienamente la mia professionalità e le mie competenze.

2. Come rispondi ai commenti negativi su Facebook?

A) Ignoro i commenti negativi.

B) Rispondo in modo difensivo.

C) Rispondo con calma ma senza approfondire.

D) Rispondo in modo assertivo, ringraziando per il feedback e spiegando il mio punto di vista.

3. Quanto spesso interagisci con i tuoi follower su Instagram?

A) Raramente rispondo ai commenti o ai messaggi.

B) Rispondo solo ai commenti positivi.

C) Rispondo ai commenti quando ho tempo.

D) Rispondo regolarmente e personalmente a commenti e messaggi, incoraggiando il dialogo.

4. Come gestisci le discussioni su X (ex Twitter)?

A) Evito di partecipare a discussioni.

B) Partecipo solo alle discussioni che confermano le mie opinioni.

C) Partecipò a discussioni ma a volte mi lascio coinvolgere emotivamente.

D) Partecipò attivamente a discussioni mantenendo un tono rispettoso e costruttivo.

5. Come stabilisci i confini nelle tue interazioni su Facebook?

A) Non stabilisco confini e accetto qualsiasi tipo di commento.

B) Elimino i commenti offensivi senza spiegare.

C) Imposto alcune regole, ma le applico in modo incoerente.

D) Stabilisco e comunico chiaramente i confini, spiegando cosa è accettabile e cosa no.

6. Come crei contenuti su Instagram?

A) Pubblico contenuti casuali senza una strategia precisa.

B) Pubblico contenuti occasionalmente quando ho tempo.

C) Ho una strategia, ma non sempre la seguo.

D) Ho un calendario editoriale e pubblico contenuti coerenti e di alta qualità regolarmente.

7. Come selezioni le connessioni su LinkedIn?

A) Accetto tutte le richieste di connessione.

B) Accetto solo richieste da persone che conosco personalmente.

C) Accetto richieste da persone del mio settore senza valutare il profilo.

D) Valuto attentamente ogni richiesta di connessione e accetto solo quelle che aggiungono valore alla mia rete professionale.

8. Come gestisci le critiche costruttive su X (ex Twitter)?

A) Le ignoro o le blocco.

B) Le accetto ma non rispondo.

C) Rispondo ma senza approfondire.

D) Ringrazio per il feedback e rispondo in modo costruttivo, spiegando il mio punto di vista.

Analisi dei risultati

Se hai ottenuto una maggioranza di risposte A:

La tua presenza sui social media necessita di maggiore attenzione e strategia. Spesso eviti di interagire o di affrontare situazioni difficili, il che può limitare il tuo potenziale di crescita. È importante prendere l'iniziativa per migliorare il tuo profilo, rispondere ai commenti e partecipare attivamente alle discussioni. Considera di creare un piano d'azione per aumentare la tua assertività e la tua presenza online, imparando a gestire le interazioni in modo più efficace.

Se hai ottenuto una maggioranza di risposte B:

Hai una presenza online di base, ma tendi a rispondere in modo difensivo o a interagire solo quando necessario. Questo approccio può limitare il tuo coinvolgimento e la qualità delle tue interazioni. Per migliorare, cerca di essere più proattivo nelle tue risposte e di stabilire confini chiari. Incrementa la tua partecipazione alle discussioni e lavora sulla tua capacità di rispondere in modo costruttivo alle critiche.

Se hai ottenuto una maggioranza di risposte C:

La tua presenza sui social media è buona, ma c'è ancora spazio per migliorare. Hai una strategia, ma a volte manchi di coerenza e profondità nelle interazioni. Lavora sulla costanza nella creazione dei contenuti e nella partecipazione alle discussioni. Migliora la tua capacità di rispondere in modo assertivo e costruttivo ai commenti e alle critiche, e cerca di mantenere un approccio positivo e rispettoso in tutte le tue interazioni.

Se hai ottenuto una maggioranza di risposte D:

La tua presenza sui social media è eccellente. Dimostri una grande attenzione ai dettagli, coerenza nei contenuti e assertività nelle interazioni. Sei in grado di gestire critiche e conflitti in modo professionale e costruttivo, e promuovi un dialogo aperto e rispettoso. Continua a mantenere questo livello di impegno e professionalità, e considera di condividere le tue strategie con altri per aiutarli a migliorare le loro competenze comunicative sui social media.

Riflessione finale

Questo test è uno strumento prezioso per riflettere sulle tue abilità di comunicazione sui social media e per identificare aree di miglioramento. Utilizza i risultati come guida per sviluppare ulteriormente le tue competenze, concentrandoti su chiarezza, coerenza e empatia. La comunicazione assertiva è una competenza che si sviluppa con la pratica costante, e ogni piccolo passo verso il miglioramento può fare una grande differenza nelle tue interazioni digitali.

Prenditi del tempo per riflettere su come puoi applicare le nuove conoscenze nella tua vita quotidiana. Considera di rivedere periodicamente questo test per monitorare i tuoi progressi e per continuare a crescere come comunicatore assertivo. Ricorda, la chiave del successo nella comunicazione sui social media è essere autentici, rispettosi e consapevoli delle esigenze degli altri.

Domande di Riflessione per il Capitolo 3

Queste domande di riflessione sono state create per aiutarti a interiorizzare meglio i concetti trattati in questo Capitolo. Prenditi del tempo per rispondere a ciascuna domanda in modo sincero e approfondito. L'obiettivo è stimolare un autoesame critico che ti permetta di applicare le nuove conoscenze nella tua vita quotidiana. Utilizza queste domande come strumento per valutare le tue esperienze di comunicazione online e per identificare aree di miglioramento. Le risposte ti aiuteranno a sviluppare una comunicazione più efficace e assertiva, migliorando le tue interazioni digitali.

Assertività su LinkedIn

1. Costruire un profilo assertivo

Come hai strutturato la tua biografia su LinkedIn? Quali parole chiave hai utilizzato per descrivere le tue competenze e la tua esperienza?

In che modo la tua foto del profilo e la tua immagine di copertina riflettono la tua professionalità e il tuo personal brand?

Quali elementi del tuo profilo potrebbero essere migliorati per renderlo più assertivo e attraente per potenziali contatti e datori di lavoro?

Hai mai ricevuto feedback sul tuo profilo LinkedIn? Come hai utilizzato questo feedback per migliorare la tua presenza online?

2. Gestire le connessioni in modo assertivo

Come selezioni le richieste di connessione su LinkedIn? Quali criteri utilizzi per determinare se accettare o rifiutare una richiesta?

In che modo inizi le conversazioni con nuove connessioni per costruire relazioni significative e professionali?

Quali strategie utilizzi per mantenere attive le relazioni con le tue connessioni su LinkedIn?

Hai mai dovuto gestire richieste di assistenza o collaborazioni su LinkedIn? Come hai risposto in modo assertivo e professionale?

Assertività su Facebook

3. Comunicare con amici e conoscenti

In che modo esprimi i tuoi pensieri e sentimenti in modo chiaro e rispettoso nelle tue interazioni su Facebook?

Hai mai dovuto affrontare commenti inappropriati sul tuo profilo? Come hai gestito la situazione in modo assertivo?

Come stabilisci i confini personali nelle tue interazioni su Facebook per proteggere la tua privacy e il tuo benessere?

Quali strategie utilizzi per mantenere un tono positivo e rispettoso nelle tue comunicazioni con amici e conoscenti?

4. Gestire i conflitti su Facebook

Hai mai dovuto affrontare un conflitto su Facebook? Come hai gestito la situazione per risolvere il conflitto in modo costruttivo?

Quali tecniche utilizzi per rispondere alle critiche in modo calmo e assertivo, senza lasciare che le emozioni prendano il sopravvento?

Come puoi promuovere un ambiente di rispetto reciproco nelle tue interazioni su Facebook?

Hai mai spostato una discussione in un messaggio privato per risolvere un conflitto? Come ha funzionato questa strategia?

Assertività su Instagram

5. Creare un profilo assertivo

In che modo la tua biografia su Instagram riflette la tua personalità e il tuo brand?

Quali tipi di contenuti pubblichi per attirare e coinvolgere il tuo pubblico?

Come mantieni la coerenza visiva nel tuo profilo Instagram?

Hai un calendario editoriale per i tuoi post su Instagram? Come ti aiuta a mantenere la coerenza e la qualità dei tuoi contenuti?

6. Gestire i commenti su Instagram

Come rispondi ai commenti positivi sul tuo profilo? Quali strategie utilizzi per mostrare gratitudine e incoraggiare ulteriori interazioni?

Come gestisci le critiche costruttive nei commenti sui tuoi post?

Quali tecniche utilizzi per rispondere ai commenti negativi in modo assertivo e rispettoso?

Come promuovi un ambiente positivo e di supporto tra i tuoi follower su Instagram?

Assertività su X (ex Twitter)

7. Creare un profilo assertivo su X

In che modo la tua biografia su X riflette la tua professionalità e i tuoi obiettivi?

Quali tipi di contenuti condividi su X per costruire la tua autorità e coinvolgere il tuo pubblico?

Come mantieni la coerenza tra i tuoi tweet e il tuo brand personale?

In che modo utilizzi le immagini e i video nei tuoi tweet per aumentare l'engagement?

8. Gestire le discussioni su X

Hai mai partecipato a una discussione accesa su X? Come hai mantenuto un tono rispettoso e assertivo?

Quali strategie utilizzi per rispondere alle critiche o ai commenti negativi su X?

Come promuovi un dialogo aperto e inclusivo nelle tue interazioni su X?

In che modo gestisci le emozioni quando partecipi a discussioni su X per mantenere la professionalità?

Conclusione

Prendersi del tempo per riflettere su queste domande ti aiuterà a consolidare le conoscenze apprese e a identificare aree di miglioramento nella tua comunicazione online. Ricorda che la comunicazione assertiva ed empatica è una competenza che si sviluppa con la pratica costante. Continuare a mettere in pratica le strategie e le tecniche apprese ti porterà a migliorare significativamente le tue interazioni digitali e a ottenere risultati tangibili nella vita quotidiana.

CAPITOLO 4: ASSERTIVITÀ NELLE E-MAIL

Scrivere e-mail assertive

Le e-mail sono uno strumento essenziale della comunicazione moderna, utilizzato quotidianamente nel contesto lavorativo e personale. Tuttavia, la comunicazione via e-mail può spesso essere soggetta a malintesi e incomprensioni, soprattutto quando i messaggi non sono chiari o sono percepiti come troppo aggressivi o passivi. Scrivere e-mail assertive significa comunicare in modo chiaro, diretto e rispettoso, mantenendo un tono professionale che riflette le tue intenzioni e obiettivi.

In questo paragrafo, esploreremo le tecniche per strutturare un messaggio chiaro e assertivo, garantendo che le tue e-mail siano efficaci e ben ricevute dai destinatari.

Strutturare un messaggio chiaro

La chiarezza è fondamentale quando si scrivono e-mail assertive. Un messaggio chiaro non solo evita malintesi, ma dimostra anche professionalità e rispetto per il tempo del destinatario. Strutturare un'e-mail in modo chiaro richiede attenzione ai dettagli e una strategia ben definita. Ecco come farlo in modo efficace.

1. Utilizzare un oggetto chiaro e specifico

L'oggetto dell'e-mail è la prima cosa che il destinatario vede e spesso determina se l'e-mail verrà aperta immediatamente o lasciata per dopo. Un oggetto chiaro e specifico aiuta a catturare l'attenzione e a fornire un'anteprima del contenuto del messaggio. Ad esempio, invece di scrivere "Richiesta di informazioni", puoi scrivere "Richiesta di informazioni sul progetto XYZ – Scadenza 30 maggio". Questo approccio non solo attira l'attenzione, ma fornisce anche un contesto immediato e rilevante.

2. Iniziare con un saluto appropriato e un'introduzione

Un saluto appropriato e un'introduzione chiara stabiliscono il tono dell'e-mail. Utilizza un saluto professionale come "Gentile [Nome]" o "Caro [Nome]" e continua con una breve introduzione che spiega lo scopo dell'e-mail. Ad esempio: "Spero che tu stia bene. Ti scrivo per discutere del progetto XYZ e per richiedere alcune informazioni importanti riguardo alla scadenza del 30 maggio." Questo introduce immediatamente l'argomento e prepara il destinatario a ricevere ulteriori dettagli.

3. Organizzare il corpo dell'e-mail in paragrafi chiari e concisi

Il corpo dell'e-mail dovrebbe essere organizzato in paragrafi chiari e concisi, ciascuno focalizzato su un punto specifico. Utilizza frasi brevi e dirette per evitare ambiguità. Inizia con un paragrafo che spiega il motivo principale dell'e-mail: "Vorrei discutere dei dettagli finali del progetto XYZ per assicurarci di rispettare la scadenza del 30 maggio." Prosegui con paragrafi che forniscono ulteriori dettagli o richieste specifiche: "Potresti per favore fornirmi una lista aggiornata delle attività completate e di quelle ancora in corso?" e "Inoltre, sarebbe utile avere una riunione entro la fine della settimana per allinearci sugli ultimi passaggi."

4. Concludere con una call-to-action chiara e un saluto professionale

La conclusione dell'e-mail dovrebbe includere una call-to-action chiara che indica al destinatario cosa deve fare successivamente. Ad esempio:

"Per favore, fammi sapere se sei disponibile per una riunione venerdì alle 10:00. Grazie per la tua collaborazione." Questo non solo chiarisce le aspettative, ma facilita anche una risposta rapida e pertinente. Termina l'e-mail con un saluto professionale come "Cordiali saluti" o "Distinti saluti", seguito dal tuo nome e dalle tue informazioni di contatto.

Strutturare un messaggio chiaro nelle e-mail richiede un oggetto specifico, un'introduzione appropriata, paragrafi ben organizzati e una conclusione con una call-to-action. Questi elementi assicurano che il tuo messaggio sia comprensibile e che il destinatario sappia esattamente cosa fare. Nel contesto della mia esperienza professionale, ho visto come l'adozione di queste tecniche possa migliorare significativamente l'efficacia della comunicazione via e-mail, riducendo i malintesi e aumentando la produttività. Continuando a migliorare queste competenze, potrai ottenere risultati tangibili e duraturi nelle tue comunicazioni professionali.

Esprimere i propri bisogni nelle e-mail

Esprimere i propri bisogni in modo chiaro e assertivo nelle e-mail è fondamentale per assicurarsi che le proprie richieste vengano comprese e soddisfatte. Un messaggio assertivo non solo evita malintesi, ma dimostra anche professionalità e rispetto per il destinatario. Ecco come esprimere i propri bisogni in modo efficace attraverso le e-mail.

1. Essere chiari e specifici

Quando esprimi i tuoi bisogni via e-mail, è essenziale essere chiari e specifici riguardo a ciò che desideri ottenere. Evita frasi vaghe o ambigue e fornisci dettagli concreti. Ad esempio, invece di scrivere "Potresti aiutarmi con il progetto?", puoi scrivere "Avrei bisogno del tuo aiuto per completare il report del progetto XYZ entro venerdì.

Potresti occuparsi della sezione sulle analisi dei dati?" Questo approccio non solo chiarisce esattamente cosa stai chiedendo, ma facilita anche una risposta positiva e tempestiva.

2. Utilizzare un tono rispettoso e collaborativo

Il tono delle tue e-mail deve sempre essere rispettoso e collaborativo. Anche quando esprimi bisogni o richieste, è importante farlo in modo che il destinatario si senta valorizzato e rispettato. Evita di utilizzare un linguaggio imperativo o di sembrare troppo esigente. Ad esempio, invece di scrivere "Devi inviarmi il documento oggi stesso", puoi dire "Saresti così gentile da inviarmi il documento entro oggi? Mi sarebbe di grande aiuto per il meeting di domani." Questo dimostra che riconosci l'importanza della collaborazione e il contributo dell'altra persona.

3. Fornire un contesto e spiegare le ragioni delle richieste

Fornire un contesto chiaro e spiegare le ragioni dietro le tue richieste aiuta il destinatario a comprendere l'importanza della tua domanda e ad essere più propenso ad aiutarti. Spiega perché hai bisogno di ciò che stai chiedendo e come questo si inserisce nel quadro generale del lavoro o del progetto. Ad esempio: "Stiamo finalizzando il report del progetto XYZ e abbiamo bisogno delle tue analisi dei dati per completare la sezione finale. Questo ci permetterà di presentare il report al cliente entro la scadenza di venerdì." Questo approccio rende la tua richiesta più comprensibile e legittima.

4. Essere aperti al dialogo e alle soluzioni alternative

Essere assertivi non significa essere inflessibili. Mostrare apertura al dialogo e alle soluzioni alternative può facilitare la collaborazione e il raggiungimento dei tuoi obiettivi. Quando esprimi i tuoi bisogni, indica che sei aperto a discutere ulteriori dettagli o a considerare altre soluzioni. Ad esempio: "Se il termine di venerdì è troppo stretto, possiamo discutere un'alternativa che funzioni per entrambi." Questo dimostra flessibilità e volontà di trovare una soluzione che soddisfi tutte le parti coinvolte, migliorando le possibilità di una risposta positiva.

Esprimere i propri bisogni nelle e-mail in modo assertivo richiede chiarezza, specificità, rispetto, contesto e apertura al dialogo. Questi elementi assicurano che le tue richieste siano comprese e accolte positivamente, promuovendo una comunicazione efficace e professionale. Nel contesto della mia esperienza professionale, ho visto come l'adozione di queste tecniche possa migliorare significativamente l'efficacia della comunicazione via e-mail, riducendo i malintesi e aumentando la produttività. Continuando a migliorare queste competenze, potrai ottenere risultati tangibili e duraturi nelle tue comunicazioni professionali.

Gestire i conflitti via e-mail

La gestione dei conflitti via e-mail è una competenza cruciale nel mondo moderno, dove gran parte della comunicazione avviene online. I conflitti possono sorgere per vari motivi: malintesi, differenze di opinione o semplici errori di comunicazione. Risolverli in modo efficace è essenziale per mantenere relazioni professionali sane e produttive. Essere assertivi nelle e-mail di conflitto significa affrontare direttamente i problemi, comunicare in modo chiaro e rispettoso e cercare soluzioni costruttive.

In questo paragrafo, esploreremo come rispondere a e-mail difficili, fornendo strategie pratiche per gestire e risolvere i conflitti in modo assertivo.

Rispondere a e-mail difficili

Rispondere a e-mail difficili richiede abilità comunicative avanzate e una mentalità calma e strategica. Ecco come affrontare le e-mail difficili in modo assertivo ed efficace.

1. Prendere tempo per riflettere

Quando ricevi un'e-mail difficile, è importante non rispondere immediatamente. Prenditi il tempo per leggere attentamente il messaggio, riflettere su ciò che è stato detto e sulle emozioni che il messaggio ha suscitato in te. Una risposta impulsiva può peggiorare la situazione e portare a ulteriori conflitti. Invece, concediti del tempo per calmarti e formulare una risposta ponderata. Ad esempio, se ricevi una critica inaspettata, potresti prenderti qualche ora per elaborare il contenuto prima di rispondere. Questo ti aiuterà a rispondere in modo razionale e costruttivo.

2. Mantenere un tono professionale e rispettoso

Il tono della tua risposta è cruciale quando rispondi a un'e-mail difficile. Mantieni sempre un tono professionale e rispettoso, anche se il messaggio originale era aggressivo o maleducato. Evita di rispondere con lo stesso tono negativo, e invece concentrati su come puoi risolvere il problema in modo costruttivo. Ad esempio, se qualcuno ti ha accusato ingiustamente di un errore, puoi rispondere con: "Capisco la tua preoccupazione riguardo a questo problema. Vorrei discutere ulteriormente i dettagli per chiarire la situazione e trovare una soluzione." Questo approccio dimostra maturità e professionalità.

3. Riconoscere le emozioni e i punti di vista dell'altro

Riconoscere le emozioni e i punti di vista dell'altra persona è un passo importante per disinnescare il conflitto. Mostra empatia e cerca di capire perché la persona potrebbe sentirsi frustrata o arrabbiata. Questo non significa necessariamente che devi essere d'accordo con loro, ma mostrare comprensione può aiutare a ridurre la tensione. Ad esempio: "Capisco che questa situazione possa essere frustrante e apprezzo che tu abbia condiviso il tuo punto di vista. Lavoriamo insieme per trovare una soluzione che funzioni per entrambi." Questo approccio facilita un dialogo aperto e rispettoso.

4. Proporre soluzioni e azioni concrete

Quando rispondi a un'e-mail difficile, è importante proporre soluzioni e azioni concrete per risolvere il problema. Mostra che sei disposto a prendere provvedimenti per affrontare la situazione e migliorare le cose. Ad esempio: "Per risolvere questo problema, suggerisco di organizzare una riunione per discutere i dettagli e trovare una soluzione che soddisfi entrambe le parti. Sono disponibile domani alle 14:00, se questo orario è ok anche per te." Proporre soluzioni pratiche dimostra che sei proattivo e impegnato a risolvere il conflitto in modo costruttivo.

Rispondere a e-mail difficili in modo assertivo richiede prendere tempo per riflettere, mantenere un tono professionale e rispettoso, riconoscere le emozioni e i punti di vista dell'altra persona, e proporre soluzioni concrete. Questi passaggi ti aiuteranno a gestire i conflitti via e-mail in modo efficace, mantenendo relazioni professionali positive e produttive. Nel contesto della mia esperienza professionale, ho visto come l'adozione di queste tecniche possa trasformare i conflitti in opportunità di crescita e miglioramento. Continuando a migliorare queste competenze, potrai ottenere risultati tangibili e duraturi nelle tue comunicazioni professionali.

Creare compromessi via e-mail

Creare compromessi via e-mail richiede abilità comunicative avanzate e una mentalità aperta e collaborativa. Ecco come affrontare la creazione di compromessi in modo assertivo ed efficace.

1. Riconoscere il problema e le esigenze di entrambe le parti

Il primo passo per creare un compromesso via e-mail è riconoscere il problema e le esigenze di entrambe le parti. Ascoltare e comprendere i punti di vista e le preoccupazioni dell'altra persona è fondamentale per trovare una soluzione che funzioni per entrambi. Inizia la tua e-mail riconoscendo il problema e mostrando empatia per le esigenze dell'altro: "Capisco che tu abbia delle preoccupazioni riguardo alla scadenza del progetto. Anche io ho delle esigenze che vorrei discutere per trovare una soluzione che funzioni per entrambi."

2. Proporre soluzioni flessibili e alternative

Quando cerchi un compromesso, è importante proporre soluzioni flessibili e alternative. Offri diverse opzioni che possano soddisfare le esigenze di entrambe le parti e mostra la tua disponibilità a discutere ulteriori alternative. Ad esempio: "Per risolvere questa situazione, potremmo considerare di estendere la scadenza di una settimana o di suddividere il lavoro in modo che ciascuno di noi possa gestire una parte. Sono aperto a discutere altre opzioni che potrebbero funzionare meglio per te." Questo approccio dimostra la tua flessibilità e la tua volontà di collaborare.

3. Utilizzare un linguaggio positivo e costruttivo

Il linguaggio che usi nelle tue e-mail può fare una grande differenza nell'efficacia della comunicazione. Utilizza un linguaggio positivo e costruttivo per mantenere un tono collaborativo e rispettoso. Evita termini negativi o accusatori e focalizzati su come potete lavorare insieme per trovare una soluzione. Ad esempio: "Sono fiducioso che possiamo trovare una soluzione che soddisfi entrambi. Apprezzo la tua disponibilità a discutere queste opzioni e sono certo che, collaborando, riusciremo a risolvere questo problema." Un linguaggio positivo aiuta a mantenere un clima di rispetto e collaborazione.

4. Confermare il compromesso e i passi successivi

Una volta raggiunto un compromesso, è importante confermare chiaramente gli accordi e i passi successivi. Riassumi i punti principali del compromesso e specifica le azioni che ciascuna parte deve intraprendere. Ad esempio: "Grazie per la tua disponibilità a trovare un compromesso. Abbiamo concordato di estendere la scadenza del progetto di una settimana e di suddividere le responsabilità. Io mi occuperò della parte relativa alle analisi dei dati e tu della redazione del report. Ci aggiorneremo nuovamente il prossimo martedì per verificare i progressi." Questo assicura che entrambe le parti siano allineate e che non ci siano malintesi riguardo agli accordi presi.

Test: Assertività nelle e-mail

Questo test è progettato per aiutarti a valutare la tua capacità di essere assertivo nelle comunicazioni via e-mail. Rispondendo a queste domande, potrai identificare i tuoi punti di forza e le aree che richiedono miglioramento. Ogni domanda presenta quattro opzioni di risposta; scegli quella che più ti rappresenta. Alla fine del test, calcola il numero di risposte per ciascuna opzione (A, B, C, D) e leggi l'analisi corrispondente per capire meglio il tuo profilo comunicativo. Sentiti libero di rispondere in modo sincero, poiché questo test è un'opportunità per riflettere e crescere.

Questionario di autovalutazione

1. Come strutturi l'oggetto delle tue e-mail professionali?

A) Lascio spesso l'oggetto vuoto o generico.

B) Scrivo oggetti vaghi e poco chiari.

C) Utilizzo oggetti chiari ma poco specifici.

D) Scrivo oggetti chiari, specifici e rilevanti.

2. Come inizi le tue e-mail quando hai una richiesta da fare?

A) Vado subito al punto senza saluti o introduzioni.

B) Utilizzo saluti generici senza spiegare il contesto.

C) Inizio con una breve introduzione ma non sempre chiara.

D) Utilizzo un saluto appropriato e un'introduzione chiara che spiega il contesto.

3. Come esprimi i tuoi bisogni nelle e-mail?

A) Evito di esprimere i miei bisogni per paura di disturbare.

B) Esprimo i miei bisogni in modo vago e poco chiaro.

C) Esprimo i miei bisogni chiaramente ma a volte in modo esigente.

D) Esprimo i miei bisogni in modo chiaro, specifico e rispettoso.

4. Come rispondi a una critica ricevuta via e-mail?

A) Ignoro la critica o rispondo in modo difensivo.

B) Rispondo con rabbia o sarcasmo.

C) Accetto la critica ma non approfondisco la risposta.

D) Ringrazio per il feedback e rispondo in modo costruttivo, spiegando il mio punto di vista.

5. Come gestisci le richieste di compromesso via e-mail?

A) Non mi piace fare compromessi e tendo a rifiutarli.

B) Accetto compromessi solo se non ho alternative.

C) Propongo compromessi ma senza molta flessibilità.

D) Propongo soluzioni flessibili e alternative, cercando di soddisfare entrambe le parti.

6. Come concludi le tue e-mail?

A) Non concludo le mie e-mail con una call-to-action chiara.

B) Concludo le mie e-mail in modo generico senza indicare i prossimi passi.

C) Fornisco una call-to-action ma non sempre chiara.

D) Concludo le mie e-mail con una call-to-action chiara e un saluto professionale.

7. Come affronti i conflitti via e-mail?

A) Evito i conflitti e non rispondo.

B) Rispondo in modo aggressivo o passivo-aggressivo.

C) Rispondo cercando di evitare ulteriori conflitti, ma non sempre in modo efficace.

D) Affronto i conflitti in modo assertivo, cercando di risolverli costruttivamente.

8. Come gestisci le emozioni quando scrivi e-mail difficili?

A) Scrivo subito la risposta senza riflettere.

B) Mi lascio sopraffare dalle emozioni e rispondo impulsivamente.

C) Cerco di controllare le emozioni, ma non sempre riesco.

D) Prendo tempo per riflettere e scrivo una risposta ponderata.

Analisi dei risultati

Se hai ottenuto una maggioranza di risposte A:

La tua comunicazione via e-mail necessita di miglioramenti significativi. Spesso eviti di esprimere i tuoi bisogni e di affrontare i conflitti, il che può portare a malintesi e a una bassa efficacia nella comunicazione. È importante lavorare sulla tua assertività, imparando a esprimere chiaramente le tue esigenze e a gestire i conflitti in modo costruttivo. Considera di seguire un corso di formazione sulla comunicazione assertiva per migliorare queste competenze fondamentali.

Se hai ottenuto una maggioranza di risposte B:

Hai una presenza di base nelle comunicazioni via e-mail, ma tendi a rispondere in modo difensivo o a evitare i conflitti. Questo approccio può limitare la tua capacità di risolvere problemi e di collaborare efficacemente con gli altri. Per migliorare, cerca di essere più proattivo nelle tue risposte e di sviluppare una maggiore consapevolezza delle tue emozioni. Lavorare sulla tua capacità di gestire le critiche e di proporre compromessi ti aiuterà a migliorare la qualità delle tue comunicazioni.

Se hai ottenuto una maggioranza di risposte C:

La tua comunicazione via e-mail è buona, ma c'è ancora spazio per migliorare. Sei in grado di esprimere i tuoi bisogni e di gestire i conflitti, ma a volte manchi di chiarezza o di flessibilità. Lavora sulla costanza nel fornire risposte chiare e specifiche, e cerca di essere più aperto a soluzioni alternative. Migliorare la tua capacità di concludere le e-mail con una call-to-action chiara e di mantenere un tono professionale e rispettoso rafforzerà ulteriormente la tua efficacia comunicativa.

Se hai ottenuto una maggioranza di risposte D:

La tua comunicazione via e-mail è eccellente. Dimostri una grande attenzione ai dettagli, chiarezza nelle richieste e capacità di gestire i conflitti in modo assertivo. Sei in grado di esprimere i tuoi bisogni in modo rispettoso e di proporre soluzioni flessibili che soddisfano entrambe le parti. Continua a mantenere questo livello di professionalità e considera di condividere le tue strategie con altri per aiutarli a migliorare le loro competenze comunicative.

Riflessione finale

Questo test è uno strumento prezioso per riflettere sulle tue abilità di comunicazione via e-mail e per identificare aree di miglioramento. Utilizzalo per sviluppare ulteriormente le tue competenze, concentrandoti su chiarezza, rispetto e capacità di gestione dei conflitti. La comunicazione assertiva ed empatica è una competenza che si sviluppa con la pratica costante. Prenditi il tempo per riflettere su come puoi applicare le nuove conoscenze nella tua vita quotidiana e considera di rivedere periodicamente questo test per monitorare i tuoi progressi. Continuare a migliorare queste competenze ti porterà a ottenere risultati significativi e duraturi nelle tue comunicazioni professionali.

Domande di Riflessione per il Capitolo 4

Queste domande di riflessione sono state create per aiutarti a pensare in modo più approfondito alle tue esperienze di comunicazione via e-mail e a come applicare le nuove conoscenze nella tua vita quotidiana. Rispondendo a queste domande, potrai valutare le tue abilità attuali, identificare aree di miglioramento e sviluppare strategie pratiche per diventare un comunicatore più assertivo ed efficace. Prenditi del tempo per riflettere su ogni domanda e rispondi in modo sincero e approfondito. Utilizza queste riflessioni come una guida per migliorare le tue competenze comunicative e ottenere risultati migliori nelle tue interazioni professionali e personali.

Scrivere e-mail assertive

1. Strutturare un messaggio chiaro

Come strutturi di solito le tue e-mail professionali? Ci sono elementi che potresti migliorare per renderle più chiare e concise?

Quali strategie utilizzi per assicurarti che il destinatario comprenda esattamente il contenuto della tua e-mail?

In che modo scegli l'oggetto delle tue e-mail per catturare l'attenzione del destinatario e fornire un contesto immediato?

Hai mai ricevuto feedback sulle tue e-mail? Come hai utilizzato questo feedback per migliorare la struttura dei tuoi messaggi?

2. Esprimere i propri bisogni nelle e-mail

Quanto ti senti a tuo agio nell'esprimere i tuoi bisogni nelle e-mail? Ci sono situazioni in cui trovi difficile farlo?

Come bilanci la chiarezza e la specificità delle tue richieste con il rispetto per il destinatario?

Quali tecniche utilizzi per assicurarti che le tue richieste siano rispettose e collaborative?

Puoi ricordare un'occasione in cui esprimere chiaramente i tuoi bisogni in un'e-mail ha portato a un risultato positivo? Cosa hai imparato da questa esperienza?

Gestire i conflitti via e-mail

3. Rispondere a e-mail difficili

Hai mai dovuto rispondere a un'e-mail difficile? Come hai gestito la situazione?

Quali strategie utilizzi per mantenere la calma e rispondere in modo ponderato alle e-mail difficili?

In che modo riconosci le emozioni e i punti di vista dell'altra persona quando rispondi a un'e-mail di conflitto?

Puoi fare un esempio di una volta in cui una tua risposta assertiva ha contribuito a risolvere un conflitto via e-mail?

4. Creare compromessi via e-mail

Hai mai dovuto creare un compromesso via e-mail? Quali tecniche hai utilizzato per raggiungere un accordo?

Come bilanci le tue esigenze con quelle dell'altra persona quando cerchi un compromesso?

Quali strategie utilizzi per proporre soluzioni flessibili e alternative nelle tue e-mail?

Puoi ricordare un'occasione in cui trovare un compromesso via e-mail ha portato a un risultato positivo? Cosa hai imparato da questa esperienza?

Test: Assertività nelle e-mail

5. Questionario di autovalutazione

Come valuteresti attualmente la tua capacità di essere assertivo nelle e-mail? Quali sono le tue principali aree di forza e di miglioramento?

In che modo pensi che il test di autovalutazione possa aiutarti a identificare le aree su cui lavorare per migliorare la tua assertività via e-mail?

Hai identificato delle aree specifiche su cui desideri lavorare per migliorare la tua comunicazione via e-mail? Quali sono?

Quali passi concreti puoi intraprendere per sviluppare ulteriormente la tua assertività nelle e-mail?

6. Analisi dei risultati

Dopo aver analizzato i risultati del test, quali sono le tue principali aree di forza nella comunicazione via e-mail?

Quali aspetti della tua comunicazione via e-mail richiedono maggiore attenzione e miglioramento?

In che modo intendi utilizzare i risultati del test per creare un piano di sviluppo personale per migliorare la tua assertività via e-mail?

Puoi identificare delle risorse (libri, corsi, coaching) che potrebbero aiutarti a migliorare le tue competenze comunicative via e-mail?

Conclusione

Prenditi il tempo necessario per rispondere a queste domande di riflessione e utilizza le tue risposte come guida per migliorare le tue competenze comunicative via e-mail. La comunicazione assertiva è una competenza che si sviluppa con la pratica costante e l'auto-riflessione. Continuare a mettere in pratica le strategie e le tecniche apprese ti porterà a migliorare significativamente le tue interazioni digitali e a ottenere risultati tangibili nelle tue relazioni professionali e personali.

CAPITOLO 5: GESTIRE LE CRITICHE ONLINE

Gestire le critiche sui social media

I social media sono una piattaforma potente per costruire il proprio brand personale e professionale, ma sono anche un luogo dove le critiche possono emergere pubblicamente e rapidamente. Gestire le critiche sui social media in modo assertivo è essenziale per mantenere una reputazione positiva e per dimostrare professionalità.

Rispondere alle critiche in modo appropriato non solo dimostra maturità e capacità di gestione dei conflitti, ma può anche trasformare una situazione negativa in un'opportunità di crescita e miglioramento. In questo paragrafo, esploreremo le tecniche per rispondere alle critiche sui social media in modo assertivo ed efficace.

Rispondere in modo assertivo

Rispondere alle critiche in modo assertivo richiede una combinazione di calma, chiarezza e rispetto. Ecco come farlo in modo efficace.

1. Prendere tempo per riflettere prima di rispondere

Quando ricevi una critica sui social media, la tentazione di rispondere immediatamente può essere forte, ma è importante prendere tempo per riflettere. Questo ti permette di analizzare la critica, comprendere il punto di vista dell'altra persona e formulare una risposta ponderata. Ad esempio, se qualcuno critica un tuo post, prenditi qualche minuto per rileggere il commento e pensare a come rispondere in modo costruttivo. Evita risposte impulsive che potrebbero esacerbare la situazione. Questo approccio ti aiuta a mantenere la calma e a rispondere in modo professionale.

2. Mantenere un tono rispettoso e professionale

Il tono della tua risposta è fondamentale quando affronti critiche sui social media. Mantieni sempre un tono rispettoso e professionale, anche se la critica è stata espressa in modo aggressivo o maleducato. Rispondere con lo stesso tono negativo non farà altro che peggiorare la situazione. Ad esempio, se qualcuno lascia un commento offensivo, puoi rispondere con: "Grazie per il tuo feedback. Apprezzo il tuo punto di vista e vorrei discutere ulteriormente per comprendere meglio le tue preoccupazioni." Questo dimostra che sei disposto a dialogare e a trovare una soluzione, mantenendo un atteggiamento positivo.

3. Riconoscere le emozioni e il punto di vista dell'altro

Riconoscere le emozioni e il punto di vista dell'altra persona può aiutare a disinnescare la tensione e a promuovere un dialogo costruttivo. Mostra empatia e cerca di capire perché la persona potrebbe sentirsi frustrata o arrabbiata. Questo non significa necessariamente che devi essere d'accordo con loro, ma dimostrare comprensione può aiutare a ridurre la tensione. Ad esempio: "Capisco che tu possa essere deluso dal nostro servizio. Mi dispiace per l'inconveniente e vorrei lavorare con te per risolvere il problema." Questo approccio facilita un dialogo aperto e rispettoso, e dimostra che prendi sul serio le preoccupazioni del tuo pubblico.

4. Offrire soluzioni concrete

Quando rispondi a una critica sui social media, è importante offrire soluzioni concrete per risolvere il problema. Mostra che sei disposto a prendere provvedimenti per affrontare la situazione e migliorare le cose. Ad esempio: "Ci dispiace che tu abbia avuto questa esperienza. Potremmo offrirti un rimborso o un buono sconto per il tuo prossimo

acquisto. Ti prego di contattarci in privato per discutere i dettagli."
Proporre soluzioni pratiche dimostra che sei proattivo e impegnato a
risolvere il problema in modo costruttivo. Questo può trasformare
un'esperienza negativa in un'opportunità per rafforzare la fiducia e la
fedeltà del cliente.

Rispondere in modo assertivo alle critiche sui social media richiede
prendere tempo per riflettere, mantenere un tono rispettoso e
professionale, riconoscere le emozioni e il punto di vista dell'altro, e
offrire soluzioni concrete. Questi passaggi ti aiuteranno a gestire le
critiche in modo efficace, mantenendo relazioni positive e costruttive
con il tuo pubblico. Nel contesto della mia esperienza professionale, ho
visto come l'adozione di queste tecniche possa trasformare le critiche in
opportunità di crescita e miglioramento. Continuando a migliorare
queste competenze, potrai ottenere risultati tangibili e duraturi nelle tue
interazioni online.

Creare un ambiente positivo

Creare un ambiente positivo sui social media non solo aiuta a prevenire
le critiche, ma promuove anche interazioni più costruttive e produttive.
Ecco come farlo in modo efficace.

1. Promuovere una cultura di rispetto e positività

Il primo passo per creare un ambiente positivo sui social media è
promuovere una cultura di rispetto e positività. Questo significa
stabilire e comunicare chiaramente le aspettative sul comportamento
degli utenti. Ad esempio, puoi pubblicare linee guida della community
che incoraggino il rispetto reciproco e vietino linguaggi offensivi o
comportamenti aggressivi. Queste linee guida dovrebbero essere visibili
e facilmente accessibili a tutti i membri della tua community. Ad
esempio: "Apprezziamo le discussioni costruttive e il rispetto reciproco.

Ti preghiamo di evitare linguaggi offensivi e di trattare tutti con cortesia."

2. Essere un modello di comportamento positivo

Come leader della tua community sui social media, il tuo comportamento è un esempio per gli altri. Dimostra il tipo di comportamento che vuoi vedere nella tua community rispondendo ai commenti in modo positivo e rispettoso, anche quando affronti critiche. Ad esempio, se ricevi un commento negativo, puoi rispondere con: "Grazie per il tuo feedback. Mi dispiace che tu abbia avuto questa esperienza. Vediamo come possiamo migliorare." Questo non solo mostra che sei aperto alle critiche, ma anche che le affronti in modo costruttivo e professionale.

3. Incoraggiare le interazioni positive

Un ambiente positivo sui social media si costruisce anche incoraggiando le interazioni positive. Riconosci e celebra i contributi positivi dei membri della tua community, mostrando apprezzamento per i loro commenti e condivisioni. Ad esempio, puoi mettere in evidenza i commenti costruttivi e ringraziare pubblicamente chi condivide contenuti di valore. Questo crea un ciclo di feedback positivo che incoraggia altri a partecipare in modo costruttivo. Ad esempio: "Grazie per aver condiviso questa informazione utile, [Nome]! Il tuo contributo è molto apprezzato."

4. Gestire proattivamente le critiche

Gestire proattivamente le critiche è un'altra strategia chiave per creare un ambiente positivo. Questo significa affrontare le critiche in modo tempestivo e costruttivo, evitando che si trasformino in conflitti maggiori. Ad esempio, se qualcuno esprime una preoccupazione legittima, rispondi rapidamente e proponi una soluzione o chiedi ulteriori dettagli per comprendere meglio la situazione. Ad esempio: "Mi dispiace sentire che hai avuto questa esperienza. Puoi fornirci più dettagli in modo da poter affrontare il problema? Apprezziamo il tuo feedback e vogliamo migliorare." Questo approccio dimostra che prendi sul serio le critiche e sei impegnato a risolvere i problemi, rafforzando la fiducia nella tua gestione della community.

Creare un ambiente positivo sui social media richiede promuovere una cultura di rispetto e positività, essere un modello di comportamento positivo, incoraggiare le interazioni positive e gestire proattivamente le critiche. Questi passaggi ti aiuteranno a costruire una community online più costruttiva e produttiva, riducendo l'incidenza delle critiche negative e migliorando la qualità delle interazioni. Nel contesto della mia esperienza professionale, ho visto come l'adozione di queste tecniche possa trasformare la dinamica delle interazioni sui social media, rendendole più positive e gratificanti. Continuando a migliorare queste competenze, potrai ottenere risultati tangibili e duraturi nelle tue relazioni online.

Gestire le critiche nelle e-mail

Le e-mail sono uno strumento cruciale per la comunicazione professionale e personale. Tuttavia, come avviene sui social media, anche nelle e-mail possono emergere critiche che richiedono una gestione attenta e assertiva. Rispondere alle critiche via e-mail in modo appropriato è essenziale per mantenere relazioni positive e per dimostrare professionalità. Gestire le critiche nelle e-mail significa affrontare direttamente i problemi, comunicare con chiarezza e rispetto, e cercare soluzioni costruttive.

In questo paragrafo, esploreremo le tecniche per rispondere alle critiche via e-mail in modo assertivo ed efficace.

Rispondere in modo assertivo

Rispondere alle critiche via e-mail richiede una combinazione di calma, chiarezza e rispetto.

Ecco come farlo in modo efficace.

1. Prendere tempo per riflettere prima di rispondere

Quando ricevi una critica via e-mail, è importante non rispondere immediatamente. Prenditi il tempo per leggere attentamente il messaggio, riflettere su ciò che è stato detto e sulle emozioni che il messaggio ha suscitato in te. Una risposta impulsiva può peggiorare la situazione e portare a ulteriori conflitti. Invece, concediti del tempo per calmarti e formulare una risposta ponderata. Ad esempio, se ricevi una critica inaspettata, potresti prenderti qualche ora per elaborare il contenuto prima di rispondere. Questo ti aiuta a mantenere la calma e a rispondere in modo razionale e costruttivo.

2. Mantenere un tono rispettoso e professionale

Il tono della tua risposta è cruciale quando affronti critiche via e-mail. Mantieni sempre un tono rispettoso e professionale, anche se la critica è stata espressa in modo aggressivo o maleducato. Evita di rispondere con lo stesso tono negativo, e invece concentrati su come puoi risolvere il problema in modo costruttivo. Ad esempio, se qualcuno ti ha accusato ingiustamente di un errore, puoi rispondere con: "Capisco la tua preoccupazione riguardo a questo problema. Vorrei discutere ulteriormente i dettagli per chiarire la situazione e trovare una soluzione." Questo approccio dimostra maturità e professionalità, e facilita un dialogo costruttivo.

3. Riconoscere le emozioni e il punto di vista dell'altro

Riconoscere le emozioni e il punto di vista dell'altra persona è un passo importante per disinnescare la tensione e promuovere un dialogo costruttivo. Mostra empatia e cerca di capire perché la persona potrebbe sentirsi frustrata o arrabbiata. Questo non significa necessariamente che devi essere d'accordo con loro, ma dimostrare comprensione può aiutare a ridurre la tensione. Ad esempio: "Capisco che questa situazione possa essere frustrante e apprezzo che tu abbia condiviso il tuo punto di vista. Lavoriamo insieme per trovare una soluzione che funzioni per entrambi." Questo approccio facilita un dialogo aperto e rispettoso, e dimostra che prendi sul serio le preoccupazioni del tuo interlocutore.

4. Offrire soluzioni concrete

Quando rispondi a una critica via e-mail, è importante offrire soluzioni concrete per risolvere il problema. Mostra che sei disposto a prendere provvedimenti per affrontare la situazione e migliorare le cose. Ad esempio: "Ci dispiace che tu abbia avuto questa esperienza. Potremmo offrirti un rimborso o un buono sconto per il tuo prossimo acquisto. Ti prego di contattarci in privato per discutere i dettagli." Proporre soluzioni pratiche dimostra che sei proattivo e impegnato a risolvere il problema in modo costruttivo. Questo può trasformare un'esperienza negativa in un'opportunità per rafforzare la fiducia e la fedeltà del cliente.

Rispondere in modo assertivo alle critiche via e-mail richiede prendere tempo per riflettere, mantenere un tono rispettoso e professionale, riconoscere le emozioni e il punto di vista dell'altro, e offrire soluzioni concrete. Questi passaggi ti aiuteranno a gestire le critiche in modo efficace, mantenendo relazioni positive e costruttive con i tuoi contatti. Nel contesto della mia esperienza professionale, ho visto come l'adozione di queste tecniche possa trasformare le critiche in opportunità di crescita e miglioramento. Continuando a migliorare queste competenze, potrai ottenere risultati tangibili e duraturi nelle tue comunicazioni professionali.

Creare compromessi nelle e-mail 2

Creare compromessi nelle e-mail richiede una combinazione di abilità comunicative avanzate e una mentalità aperta e collaborativa. Abbiamo già affrontato questo aspetto anche nel capitolo precedente ma ora vedremo tecniche più avanzate per farlo così da avere un ventaglio di possibilità più ampio.

Ecco quindi come affrontare la creazione di compromessi in modo assertivo ed efficace con tecniche più elaborate.

1. Utilizzare la tecnica del "win-win-win"

La tecnica del "win-win-win" va oltre il semplice compromesso tradizionale "win-win" per includere un terzo beneficio, spesso legato a un impatto positivo sull'organizzazione o sul progetto in generale. Quando rispondi a una critica via e-mail, cerca di identificare una soluzione che non solo soddisfi le esigenze di entrambe le parti, ma che porti anche un beneficio aggiuntivo al contesto più ampio. Ad esempio: "Capisco le tue preoccupazioni riguardo alla scadenza. Proponiamo di estendere il termine di una settimana per garantire una qualità migliore del progetto, il che non solo soddisferà entrambe le nostre esigenze, ma migliorerà anche la soddisfazione del cliente finale." Questo approccio dimostra una visione strategica e orientata al miglioramento continuo.

2. Implementare la "tecnica delle tre opzioni"

Quando cerchi un compromesso via e-mail, offri sempre almeno tre opzioni di soluzione. Questo approccio non solo mostra la tua flessibilità, ma permette anche all'altra persona di sentirsi coinvolta nel processo decisionale. Ad esempio: "Per risolvere questo problema, possiamo considerare tre opzioni: 1) Estendere la scadenza di una settimana, 2) Suddividere il lavoro tra più membri del team per accelerare i tempi, 3) Organizzare una riunione di brainstorming per trovare una soluzione creativa. Quale di queste opzioni pensi possa funzionare meglio?" Questo metodo facilita un dialogo aperto e collaborativo, aumentando le possibilità di raggiungere un accordo soddisfacente.

3. Utilizzare la comunicazione "a specchio"

La comunicazione "a specchio" è una tecnica che coinvolge il rispecchiare le parole e le emozioni dell'altra persona per dimostrare comprensione e creare empatia. Quando rispondi a una critica via e-mail, parafrasa le preoccupazioni dell'altra persona e rispondi riflettendo il loro punto di vista prima di proporre un compromesso. Ad esempio: "Capisco che tu sia preoccupato per la qualità del lavoro a causa della scadenza stretta. Anche noi vogliamo assicurarci che il progetto sia di alta qualità. Cosa ne pensi se lavorassimo insieme per identificare le aree chiave da migliorare e trovare un modo per estendere il termine senza compromettere gli altri impegni?" Questo approccio mostra empatia e rispetto, facilitando la collaborazione.

4. Proporre compromessi "step-by-step"

Proporre compromessi "step-by-step" significa suddividere la soluzione in passaggi gestibili che possono essere implementati gradualmente.

Questo permette di monitorare il progresso e apportare aggiustamenti lungo il percorso. Ad esempio: "Propongo di affrontare questo problema in tre fasi: 1) Estendiamo la scadenza di una settimana, 2) Effettuiamo una revisione settimanale dei progressi, 3) Organizziamo una riunione di valutazione finale prima della consegna. In questo modo, possiamo assicurare che il progetto rimanga sulla buona strada e che tutte le preoccupazioni vengano affrontate tempestivamente." Questo approccio permette di gestire meglio le aspettative e di mantenere il controllo sul processo.

Test: Gestire le critiche online

Questo test è progettato per aiutarti a valutare la tua capacità di gestire le critiche online, sia sui social media che via e-mail. Rispondendo a queste domande, potrai identificare i tuoi punti di forza e le aree che richiedono miglioramento. Ogni domanda presenta quattro opzioni di risposta; scegli quella che più ti rappresenta. Alla fine del test, calcola il numero di risposte per ciascuna opzione (A, B, C, D) e leggi l'analisi corrispondente per capire meglio il tuo profilo comunicativo. Sentiti libero di rispondere in modo sincero, poiché questo test è un'opportunità per riflettere e crescere.

Questionario di autovalutazione

1. Come rispondi generalmente a una critica sui social media?

A) Ignoro la critica e non rispondo.

B) Rispondo con un commento difensivo o aggressivo.

C) Rispondo con calma, ma senza approfondire troppo.

D) Rispondo con calma e professionalità, cercando di comprendere e risolvere il problema.

2. Come promuovi un ambiente positivo sui social media?

A) Non mi preoccupo particolarmente di promuovere un ambiente positivo.

B) Mi concentro principalmente sui miei contenuti senza interagire molto con gli altri.

C) Incoraggio interazioni positive occasionalmente, ma non sempre.

D) Attivamente riconosco e celebro i contributi positivi della mia community.

3. Quando ricevi una critica via e-mail, come rispondi?

A) Evito di rispondere subito e spesso lascio passare molto tempo prima di rispondere.

B) Rispondo impulsivamente, spesso in modo difensivo.

C) Rispondo con calma, ma non sempre in modo strutturato.

D) Prendo tempo per riflettere e rispondo in modo ponderato e costruttivo.

4. Come proponi soluzioni nelle e-mail per risolvere un conflitto?

A) Non propongo soluzioni e lascio che l'altro risolva il problema.

B) Propongo una sola soluzione che ritengo la migliore.

C) Propongo alcune soluzioni, ma senza molta flessibilità.

D) Propongo diverse opzioni flessibili, cercando il compromesso migliore per entrambe le parti.

5. Come riconosci le emozioni e il punto di vista dell'altra persona nelle tue risposte via e-mail?

A) Non riconosco le emozioni o il punto di vista dell'altra persona.

B) Rispondo senza tener conto delle emozioni dell'altro.

C) Riconosco le emozioni dell'altra persona ma non sempre approfondisco.

D) Riconosco e rifletto le emozioni e il punto di vista dell'altra persona nelle mie risposte.

6. Quando cerchi un compromesso via e-mail, come approcci la situazione?

A) Non cerco compromessi e insisto sulla mia posizione.

B) Cerco di imporre la mia soluzione.

C) Provo a trovare un compromesso, ma spesso con scarsi risultati.

D) Utilizzo tecniche come il "win-win-win" o la "tecnica delle tre opzioni" per trovare un compromesso efficace.

7. Come affronti i commenti negativi sui social media?

A) Li ignoro e non rispondo.

B) Rispondo con rabbia o sarcasmo.

C) Rispondo cercando di minimizzare il conflitto, ma senza risolverlo.

D) Rispondo in modo costruttivo, cercando di trasformare il commento negativo in un'opportunità di dialogo.

8. Come promuovi il rispetto e la positività nelle tue interazioni online?

A) Non mi preoccupo di promuovere il rispetto e la positività.

B) Mi limito a non rispondere ai commenti negativi.

C) Intervengo solo quando il conflitto diventa evidente.

D) Stabilisco e comunico chiaramente le linee guida della community e modello un comportamento positivo.

Analisi dei risultati

Se hai ottenuto una maggioranza di risposte A:

La tua gestione delle critiche online necessita di miglioramenti significativi. Spesso eviti di affrontare i conflitti e non promuovi attivamente un ambiente positivo. È importante sviluppare abilità di comunicazione assertiva per rispondere in modo costruttivo alle critiche. Considera di seguire un corso di formazione sulla gestione dei conflitti online e sulle tecniche di comunicazione assertiva per migliorare queste competenze fondamentali.

Se hai ottenuto una maggioranza di risposte B:

Tendi a rispondere in modo difensivo o impulsivo alle critiche, il che può peggiorare i conflitti. Anche se hai buone intenzioni, spesso manchi di strategie efficaci per gestire i commenti negativi e promuovere un ambiente positivo. Lavora sul mantenere la calma e rispondere in modo ponderato e rispettoso. Migliorare la tua capacità di proporre soluzioni flessibili e di riconoscere le emozioni dell'altro ti aiuterà a gestire meglio le critiche online.

Se hai ottenuto una maggioranza di risposte C:

La tua gestione delle critiche online è buona, ma c'è ancora spazio per migliorare. Sei in grado di rispondere con calma e di cercare compromessi, ma a volte manchi di flessibilità o profondità nelle tue risposte. Lavora sull'adozione di tecniche innovative come il "win-win-win" e la "tecnica delle tre opzioni" per migliorare ulteriormente la tua capacità di gestire i conflitti e promuovere un ambiente positivo.

Se hai ottenuto una maggioranza di risposte D:

La tua gestione delle critiche online è eccellente. Dimostri una grande attenzione ai dettagli, chiarezza nelle richieste e capacità di gestire i conflitti in modo assertivo e costruttivo. Sei in grado di riconoscere le emozioni dell'altro e di proporre soluzioni flessibili che soddisfano entrambe le parti. Continua a mantenere questo livello di professionalità e considera di condividere le tue strategie con altri per aiutarli a migliorare le loro competenze comunicative online.

Riflessione finale

Questo test è uno strumento prezioso per riflettere sulle tue abilità di gestione delle critiche online e per identificare aree di miglioramento. Utilizzalo per sviluppare ulteriormente le tue competenze, concentrandoti su chiarezza, rispetto e capacità di gestione dei conflitti. La comunicazione assertiva ed empatica è una competenza che si sviluppa con la pratica costante. Prenditi il tempo per riflettere su come puoi applicare le nuove conoscenze nella tua vita quotidiana e considera di rivedere periodicamente questo test per monitorare i tuoi progressi. Continuare a migliorare queste competenze ti porterà a ottenere risultati significativi e duraturi nelle tue interazioni professionali e personali.

Domande di Riflessione per il Capitolo 5

Queste domande di riflessione sono state create per aiutarti a pensare in modo più approfondito alle tue esperienze di comunicazione online e a come applicare le nuove conoscenze nella tua vita quotidiana. Rispondendo a queste domande, potrai valutare le tue abilità attuali, identificare aree di miglioramento e sviluppare strategie pratiche per diventare un comunicatore più assertivo ed efficace. Prenditi del tempo per riflettere su ogni domanda e rispondi in modo sincero e approfondito. Utilizza queste riflessioni come una guida per migliorare le tue competenze comunicative e ottenere risultati migliori nelle tue interazioni professionali e personali.

Gestire le critiche sui social media

1. Rispondere in modo assertivo

Hai mai ricevuto una critica sui social media? Come hai risposto?

In che modo puoi migliorare la tua capacità di rispondere alle critiche sui social media in modo assertivo?

Quali strategie utilizzi per mantenere la calma quando ricevi critiche online?

Puoi ricordare un'occasione in cui rispondere in modo assertivo ha trasformato una critica in un'opportunità di dialogo costruttivo? Cosa hai imparato da questa esperienza?

2. Creare un ambiente positivo

Quali azioni intraprendi per promuovere un ambiente positivo sui tuoi profili social?

Come modelli un comportamento positivo e rispettoso nelle tue interazioni online?

Quali strategie utilizzi per riconoscere e celebrare i contributi positivi della tua community?

Puoi fare un esempio di una volta in cui hai gestito proattivamente una critica sui social media e creato un risultato positivo?

Gestire le critiche nelle e-mail

3. Rispondere in modo assertivo

Quando ricevi una critica via e-mail, come ti senti di solito?

Quali strategie utilizzi per prendere tempo e riflettere prima di rispondere a una critica via e-mail?

In che modo mantieni un tono rispettoso e professionale nelle tue risposte?

Puoi ricordare un'occasione in cui rispondere in modo assertivo a una critica via e-mail ha portato a una soluzione costruttiva?

4. Creare compromessi nelle e-mail

Hai mai dovuto creare un compromesso via e-mail? Come hai gestito la situazione?

Quali tecniche innovative hai utilizzato per trovare un compromesso efficace?

Come bilanci le tue esigenze con quelle dell'altra persona quando cerchi un compromesso via e-mail?

Puoi fare un esempio di una volta in cui trovare un compromesso via e-mail ha portato a un risultato positivo? Cosa hai imparato da questa esperienza?

Test: Gestire le critiche online

5. Questionario di autovalutazione

Come valuteresti attualmente la tua capacità di gestire le critiche online? Quali sono le tue principali aree di forza e di miglioramento?

In che modo pensi che il test di autovalutazione possa aiutarti a identificare le aree su cui lavorare per migliorare la tua gestione delle critiche online?

Hai identificato delle aree specifiche su cui desideri lavorare per migliorare la tua comunicazione online? Quali sono?

Quali passi concreti puoi intraprendere per sviluppare ulteriormente la tua capacità di gestire le critiche online?

6. Analisi dei risultati

Dopo aver analizzato i risultati del test, quali sono le tue principali aree di forza nella gestione delle critiche online?

Quali aspetti della tua gestione delle critiche online richiedono maggiore attenzione e miglioramento?

In che modo intendi utilizzare i risultati del test per creare un piano di sviluppo personale per migliorare la tua gestione delle critiche online?

Puoi identificare delle risorse (libri, corsi, coaching) che potrebbero aiutarti a migliorare le tue competenze nella gestione delle critiche online?

Conclusione

Prenditi il tempo necessario per rispondere a queste domande di riflessione e utilizza le tue risposte come guida per migliorare le tue competenze comunicative online. La gestione assertiva ed empatica delle critiche è una competenza che si sviluppa con la pratica costante e l'auto-riflessione. Continuare a mettere in pratica le strategie e le tecniche apprese ti porterà a migliorare significativamente le tue interazioni digitali e a ottenere risultati tangibili nelle tue relazioni professionali e personali.

CAPITOLO 6: CRESCITA CONTINUA DELL'ASSERTIVITÀ SUL WEB

Routine per mantenere l'assertività online

Mantenere l'assertività online richiede una pratica costante e l'adozione di routine quotidiane che rafforzino le tue capacità comunicative. L'assertività non è una qualità che si raggiunge una volta per tutte, ma un processo continuo di crescita e sviluppo. Le routine quotidiane possono aiutarti a mantenere un alto livello di assertività, migliorando la tua capacità di comunicare in modo chiaro, rispettoso e efficace. In questo paragrafo, esploreremo come sviluppare abitudini positive che ti permettano di mantenere e migliorare la tua assertività online.

Come Sviluppare abitudini positive

Sviluppare abitudini positive è fondamentale per mantenere e migliorare l'assertività online. Ecco alcune strategie efficaci per creare e consolidare queste abitudini.

1. Iniziare la giornata con una riflessione positiva

Una delle abitudini più efficaci per mantenere l'assertività online è iniziare la giornata con una riflessione positiva. Dedica qualche minuto ogni mattina per riflettere sui tuoi obiettivi comunicativi e su come vuoi interagire con gli altri online. Questo può includere la lettura di citazioni ispiratrici, la scrittura di un diario o la meditazione. Ad esempio, potresti scrivere nel tuo diario: "Oggi mi impegnerò a rispondere ai commenti sui social media con empatia e chiarezza, mantenendo un tono positivo e rispettoso." Questo semplice rituale può impostare un tono positivo per la tua giornata e aiutarti a mantenere un atteggiamento assertivo nelle tue interazioni online.

2. Praticare la mindfulness nelle comunicazioni digitali

La mindfulness, o consapevolezza, è una pratica che può essere applicata anche alle comunicazioni digitali. Essere presenti e consapevoli quando interagisci online ti permette di rispondere in modo più ponderato e assertivo. Prima di inviare un'e-mail o rispondere a un commento, prenditi un momento per fare un respiro profondo e riflettere su ciò che stai per dire. Chiediti: "Questo messaggio è chiaro? Rispettoso? Riflette i miei valori e obiettivi?" Questa pratica di consapevolezza ti aiuterà a evitare risposte impulsive e a mantenere un tono assertivo e positivo nelle tue comunicazioni.

3. Stabilire obiettivi di comunicazione chiari e misurabili

Stabilire obiettivi di comunicazione chiari e misurabili è un altro modo efficace per sviluppare abitudini positive. Identifica gli aspetti della tua comunicazione online che desideri migliorare e stabilisci obiettivi specifici. Ad esempio, potresti decidere di migliorare la tua capacità di ascolto attivo nei commenti sui social media, o di aumentare la tua frequenza di risposte assertive alle critiche via e-mail. Monitora i tuoi progressi e valuta regolarmente i tuoi risultati. Questo ti aiuterà a rimanere concentrato sui tuoi obiettivi e a vedere i progressi nel tempo.

4. Cercare feedback e imparare dagli altri

Un'altra abitudine positiva è quella di cercare feedback e imparare dagli altri. Chiedi ai colleghi, amici o membri della tua community di darti feedback sulla tua comunicazione online. Ascolta attentamente i loro suggerimenti e usa queste informazioni per migliorare le tue abilità comunicative. Inoltre, osserva come le persone che ammiri gestiscono le loro comunicazioni online. Prendi nota delle tecniche che usano per essere assertivi e rispettosi, e cerca di incorporarle nelle tue interazioni.

Imparare dagli altri e cercare costantemente feedback ti aiuterà a crescere e a migliorare continuamente la tua assertività online.

Sviluppare abitudini positive è essenziale per mantenere l'assertività online. Iniziare la giornata con una riflessione positiva, praticare la mindfulness nelle comunicazioni digitali, stabilire obiettivi di comunicazione chiari e misurabili, e cercare feedback e imparare dagli altri sono tutte strategie efficaci per migliorare la tua capacità di comunicare in modo assertivo e rispettoso. Nel contesto della mia esperienza professionale, ho visto come l'adozione di queste abitudini possa trasformare la qualità delle interazioni online, rendendole più produttive e gratificanti. Continuando a migliorare queste competenze, potrai ottenere risultati tangibili e duraturi nelle tue comunicazioni professionali e personali.

Monitorare i progressi

Monitorare i progressi è essenziale per mantenere e migliorare l'assertività online. Valutare regolarmente le tue abilità comunicative ti permette di identificare aree di miglioramento e di celebrare i successi. Ecco alcune strategie efficaci per monitorare i tuoi progressi.

1. Tenere un diario delle comunicazioni

Uno degli strumenti più utili per monitorare i progressi nella tua assertività online è tenere un diario delle comunicazioni. Annota quotidianamente le interazioni significative che hai avuto sui social media e via e-mail. Rileva i successi, le difficoltà e le lezioni apprese da ciascuna situazione. Ad esempio, potresti scrivere: "Oggi ho risposto a una critica su Twitter in modo assertivo e rispettoso. Ho riconosciuto il punto di vista dell'altro e proposto una soluzione costruttiva. Ho notato che mantenere la calma è stato cruciale per gestire la situazione." Questo esercizio di riflessione ti aiuterà a prendere coscienza delle tue competenze e a identificare modelli ricorrenti nel tuo comportamento comunicativo.

2. Stabilire indicatori chiave di prestazione (KPI)

Stabilire indicatori chiave di prestazione (KPI) specifici ti permette di monitorare i tuoi progressi in modo oggettivo e misurabile. Identifica metriche che riflettono il tuo livello di assertività e il miglioramento delle tue competenze comunicative. Ad esempio, potresti monitorare il numero di risposte assertive che dai alle critiche, la frequenza con cui ricevi feedback positivo dai tuoi interlocutori o il tempo medio che impieghi per rispondere in modo ponderato a una critica. Misurare questi indicatori regolarmente ti fornirà una chiara visione dei tuoi progressi e delle aree su cui concentrarti ulteriormente.

3. Chiedere feedback regolare

Chiedere feedback regolare ai tuoi colleghi, amici o membri della tua community è un altro modo efficace per monitorare i tuoi progressi. Invita le persone a cui tieni a darti feedback sincero sulle tue comunicazioni online. Chiedi loro di valutare la tua capacità di essere assertivo, rispettoso e chiaro nelle tue interazioni. Ascolta attentamente i loro suggerimenti e usa queste informazioni per migliorare ulteriormente le tue competenze. Ad esempio, potresti chiedere a un collega: "Puoi darmi un feedback sulla mia recente e-mail di risposta a una critica? Vorrei sapere se sono riuscito a mantenere un tono assertivo e rispettoso."

4. Rivedere e adattare le strategie

La revisione e l'adattamento delle strategie di comunicazione è un processo continuo che ti permette di migliorare costantemente. Prenditi del tempo periodicamente per rivedere le tue strategie attuali e valutare la loro efficacia. Se noti che alcune tecniche non stanno funzionando come previsto, sperimenta nuovi approcci e adatta le tue strategie in base ai risultati ottenuti. Ad esempio, se scopri che le risposte predefinite non sono sufficientemente personalizzate, prova a scrivere risposte più specifiche e mirate. Questa flessibilità ti permetterà di crescere e di migliorare continuamente la tua assertività online.

Monitorare i progressi è essenziale per mantenere e migliorare l'assertività online. Tenere un diario delle comunicazioni, stabilire indicatori chiave di prestazione (KPI), chiedere feedback regolare e rivedere e adattare le strategie sono tutte tecniche efficaci per valutare e migliorare le tue competenze comunicative. Nel contesto della mia esperienza professionale, ho visto come l'adozione di queste pratiche possa trasformare la qualità delle interazioni online, rendendole più produttive e gratificanti. Continuando a migliorare queste competenze, potrai ottenere risultati tangibili e duraturi nelle tue comunicazioni professionali e personali.

Sviluppare ulteriormente le competenze di comunicazione online

Nel mondo digitale in continua evoluzione, sviluppare ulteriormente le competenze di comunicazione online è fondamentale per mantenere e migliorare l'assertività. Le tecnologie emergenti, come l'intelligenza artificiale (IA), stanno trasformando il modo in cui comunichiamo e interagiamo sul web. Abbracciare queste tecnologie può offrire nuove opportunità per migliorare le nostre competenze comunicative e rafforzare l'assertività. In questo paragrafo, esploreremo come l'intelligenza artificiale può essere utilizzata per potenziare la comunicazione assertiva online e come integrare queste tecnologie nelle tue routine quotidiane.

Intelligenza Artificiale e Assertività sul Web

L'intelligenza artificiale sta rivoluzionando molti aspetti della nostra vita, inclusa la comunicazione online. Utilizzare l'IA per migliorare l'assertività sul web può offrire vantaggi significativi, tra cui una maggiore efficienza, personalizzazione e consapevolezza delle proprie interazioni. Vediamo come l'IA può essere utilizzata per potenziare la tua comunicazione assertiva.

1. Strumenti di analisi del sentiment

Gli strumenti di analisi del sentiment basati sull'intelligenza artificiale possono aiutarti a capire meglio come vengono percepiti i tuoi messaggi online. Questi strumenti analizzano il tono e l'emozione delle tue comunicazioni, fornendo feedback su come le tue parole possono essere interpretate dagli altri. Ad esempio, se un messaggio di risposta a una critica su un social media è percepito come troppo difensivo o aggressivo, l'analisi del sentiment può evidenziarlo e suggerire modifiche per renderlo più assertivo e rispettoso. Utilizzare questi strumenti ti permette di essere più consapevole del tuo stile comunicativo e di apportare miglioramenti in tempo reale.

2. Chatbot e assistenti virtuali

I chatbot e gli assistenti virtuali alimentati dall'IA possono essere strumenti utili per mantenere la tua assertività online. Questi strumenti possono rispondere automaticamente a domande frequenti o gestire interazioni di base, liberandoti tempo per concentrarti su comunicazioni più complesse e personali. Ad esempio, un chatbot può gestire le richieste di assistenza clienti, fornendo risposte chiare e assertive, mentre tu puoi dedicarti a risolvere problemi più intricati che richiedono un tocco umano. Inoltre, i chatbot possono essere programmati per rispondere con un tono assertivo e professionale, assicurando coerenza nella comunicazione.

3. Personalizzazione delle comunicazioni

L'intelligenza artificiale può aiutarti a personalizzare le tue comunicazioni online in modo più efficace. Utilizzando algoritmi di apprendimento automatico, puoi analizzare le preferenze e i comportamenti del tuo pubblico per creare messaggi più rilevanti e mirati. Ad esempio, puoi inviare e-mail personalizzate che rispondono direttamente alle esigenze e agli interessi dei destinatari, aumentando l'efficacia e l'assertività delle tue comunicazioni. La personalizzazione non solo dimostra attenzione e cura, ma anche assertività nel proporre soluzioni che rispondano esattamente alle necessità degli interlocutori.

4. Feedback e miglioramento continuo

L'intelligenza artificiale può anche essere utilizzata per ottenere feedback e migliorare continuamente le tue competenze comunicative. Piattaforme basate su IA possono monitorare le tue interazioni online e fornire suggerimenti su come migliorare la tua assertività. Ad esempio, un sistema di IA potrebbe analizzare le tue e-mail e suggerire modifiche per renderle più chiare e assertive, o potrebbe valutare le tue risposte sui social media e proporre modi per gestire meglio le critiche. Questo feedback in tempo reale è prezioso per affinare costantemente le tue abilità comunicative e mantenere un alto livello di assertività.

Sviluppare ulteriormente le competenze di comunicazione online utilizzando l'intelligenza artificiale offre molte opportunità per migliorare l'assertività. Strumenti di analisi del sentiment, chatbot e assistenti virtuali, personalizzazione delle comunicazioni e feedback basato su IA sono tutte tecniche efficaci che possono aiutarti a mantenere un alto livello di assertività nelle tue interazioni online. Nel contesto della mia esperienza professionale, ho visto come l'adozione di queste tecnologie possa trasformare la qualità delle interazioni online, rendendole più produttive e gratificanti. Continuando a migliorare queste competenze e integrando l'IA nelle tue routine quotidiane, potrai ottenere risultati tangibili e duraturi nelle tue comunicazioni professionali e personali.

4 Esercizi pratici di Copywriting Assertivo

Il copywriting assertivo è una competenza cruciale per chiunque desideri comunicare efficacemente online. Questi esercizi pratici ti aiuteranno a sviluppare la tua assertività nel creare contenuti scritti, migliorando la chiarezza, l'empatia e l'efficacia dei tuoi messaggi.

1. Esercizio di riscrittura assertiva

Inizia con un esercizio di riscrittura che ti aiuterà a trasformare messaggi passivi o aggressivi in messaggi assertivi. Prendi un'e-mail o un post sui social media che hai scritto in passato e che ritieni possa essere migliorato. Identifica le frasi che potrebbero sembrare troppo passive o aggressive e riscrivile in modo assertivo. Ad esempio, una frase passiva come "Mi dispiace se questo ti ha causato problemi" può essere riscritta in modo assertivo come "Riconosco che questo problema ti ha causato disagio e sono qui per risolverlo insieme." Questo esercizio ti aiuterà a sviluppare una comunicazione più diretta e responsabile.

2. Esercizio di feedback costruttivo

L'abilità di fornire feedback costruttivo è essenziale per il copywriting assertivo. Per questo esercizio, scegli un pezzo di contenuto creato da un collega o da un amico e fornisci un feedback dettagliato. Concentrati su tre aspetti: ciò che è stato fatto bene, ciò che potrebbe essere migliorato e suggerimenti specifici su come apportare miglioramenti. Ad esempio: "Mi è piaciuto molto il modo in cui hai introdotto il tuo argomento, ma credo che potresti migliorare la chiarezza del paragrafo centrale fornendo più dettagli. Potresti aggiungere un esempio concreto per rendere il concetto più comprensibile." Questo esercizio migliorerà la tua capacità di esprimere critiche in modo costruttivo e rispettoso.

3. Esercizio di empatia e ascolto attivo

Per sviluppare un copywriting assertivo, è fondamentale comprendere e riflettere le emozioni del tuo pubblico. Pratica l'empatia e l'ascolto attivo rispondendo a commenti o messaggi ricevuti sui social media o via e-mail. Leggi attentamente il messaggio, identifica le emozioni e le preoccupazioni dell'autore, e rispondi mostrando comprensione e proponendo una soluzione assertiva. Ad esempio: "Capisco che tu possa essere frustrato per il ritardo nella consegna del prodotto. Apprezzo la tua pazienza e sto lavorando per risolvere il problema al più presto. Ti terrò aggiornato su ogni sviluppo." Questo esercizio ti aiuterà a costruire relazioni più forti e fiduciose con il tuo pubblico.

4. Esercizio di scrittura persuasiva

La scrittura persuasiva è un elemento chiave del copywriting assertivo. Per questo esercizio, scegli un prodotto o un servizio che desideri promuovere e scrivi un breve testo persuasivo che ne evidenzi i benefici. Concentrati su come il prodotto o il servizio può risolvere un problema specifico del tuo pubblico e utilizza un linguaggio chiaro e diretto. Ad esempio: "Il nostro nuovo software di gestione del tempo ti aiuterà a organizzare le tue attività quotidiane in modo più efficiente, permettendoti di dedicare più tempo alle cose che contano davvero. Provalo oggi e scopri come può trasformare la tua produttività."

Questo esercizio ti aiuterà a perfezionare la tua capacità di convincere e coinvolgere il pubblico in modo assertivo.

Sviluppare ulteriormente le competenze di comunicazione online richiede pratica costante e un impegno continuo. Gli esercizi di riscrittura assertiva, feedback costruttivo, empatia e ascolto attivo, e scrittura persuasiva sono strumenti potenti per migliorare la tua capacità di comunicare in modo chiaro, rispettoso e efficace. Nel contesto della mia esperienza professionale, ho visto come la pratica di questi esercizi possa trasformare la qualità delle interazioni online, rendendole più produttive e gratificanti. Continuando a migliorare queste competenze, potrai ottenere risultati tangibili e duraturi nelle tue comunicazioni professionali e personali.

Test: Valutare i tuoi obiettivi online

Questo test è progettato per aiutarti a valutare la tua crescita nell'assertività online. Rispondendo a queste domande, potrai identificare i tuoi punti di forza e le aree che richiedono miglioramento. Ogni domanda presenta quattro opzioni di risposta; scegli quella che più ti rappresenta. Alla fine del test, calcola il numero di risposte per ciascuna opzione (A, B, C, D) e leggi l'analisi corrispondente per capire meglio il tuo profilo comunicativo. Sentiti libero di rispondere in modo sincero, poiché questo test è un'opportunità per riflettere e crescere.

Questionario di autovalutazione

1. Come inizi la tua giornata per prepararti a comunicare assertivamente online?

A) Non ho una routine specifica.

B) Leggo velocemente le e-mail e i messaggi senza riflettere molto.

C) Dedico qualche minuto a riflettere sui miei obiettivi di comunicazione.

D) Prendo tempo per una riflessione positiva, leggendo citazioni ispiratrici o meditando.

2. Come pratichi la mindfulness nelle tue comunicazioni digitali?

A) Non ci penso e rispondo impulsivamente.

B) Cerco di essere consapevole ma spesso mi distraggo.

C) Faccio un respiro profondo prima di rispondere, ma non sempre.

D) Faccio sempre un respiro profondo e rifletto su come rendere il mio messaggio chiaro e rispettoso.

3. Come stabilisci obiettivi di comunicazione chiari e misurabili?

A) Non stabilisco obiettivi specifici.

B) Stabilisco obiettivi vaghi e difficili da misurare.

C) Stabilisco obiettivi, ma non li monitoro regolarmente.

D) Stabilisco obiettivi chiari, misurabili e li monitoro regolarmente.

4. Come cerchi feedback sulle tue comunicazioni online?

A) Non cerco feedback.

B) Chiedo feedback solo occasionalmente.

C) Chiedo feedback, ma non sempre lo uso per migliorare.

D) Chiedo feedback regolarmente e lo utilizzo per migliorare costantemente le mie abilità.

5. Come utilizzi l'analisi del sentiment per migliorare le tue comunicazioni?

A) Non utilizzo strumenti di analisi del sentiment.

B) Uso strumenti di analisi del sentiment, ma non li consulto spesso.

C) Consulto occasionalmente gli strumenti di analisi del sentiment per ottenere feedback.

D) Uso regolarmente gli strumenti di analisi del sentiment per migliorare le mie comunicazioni in tempo reale.

6. Come integrano i chatbot e gli assistenti virtuali nella tua strategia di comunicazione?

A) Non utilizzo chatbot o assistenti virtuali.

B) Utilizzo chatbot, ma non li configuro per rispondere in modo assertivo.

C) Utilizzo chatbot e cerco di configurarli per rispondere in modo rispettoso.

D) Utilizzo chatbot configurati per rispondere in modo assertivo e professionale, liberandomi tempo per interazioni più complesse.

7. Come personalizzi le tue comunicazioni online per renderle più assertive?

A) Non personalizzo le mie comunicazioni.

B) Personalizzo le comunicazioni solo occasionalmente.

C) Personalizzo le comunicazioni, ma non sempre in modo efficace.

D) Utilizzo regolarmente tecnologie per personalizzare le mie comunicazioni, rendendole rilevanti e mirate.

8. Come rivedi e adatti le tue strategie di comunicazione?

A) Non rivedo né adatto le mie strategie.

B) Rivedo le mie strategie solo quando incontro problemi significativi.

C) Rivedo le mie strategie periodicamente, ma non sempre apportando modifiche.

D) Rivedo e adatto regolarmente le mie strategie basandomi sui feedback e sui risultati ottenuti.

Analisi dei risultati

Se hai ottenuto una maggioranza di risposte A:

La tua crescita nell'assertività online necessita di miglioramenti significativi. Non hai ancora sviluppato routine efficaci o strategie di monitoraggio dei progressi. È importante iniziare a integrare pratiche quotidiane che ti aiutino a migliorare la tua comunicazione assertiva. Considera di stabilire obiettivi chiari, utilizzare strumenti di feedback e adottare tecniche di mindfulness per migliorare le tue abilità comunicative.

Se hai ottenuto una maggioranza di risposte B:

Tendi a fare solo il minimo indispensabile per migliorare la tua assertività online. Anche se hai iniziato a integrare alcune pratiche, spesso non le segui con costanza o profondità. Lavora sull'adozione di routine quotidiane più strutturate e sull'uso regolare degli strumenti di feedback per monitorare e migliorare le tue competenze comunicative. Questo ti aiuterà a diventare più consapevole e assertivo nelle tue interazioni online.

Se hai ottenuto una maggioranza di risposte C:

La tua crescita nell'assertività online è buona, ma c'è ancora spazio per migliorare. Sei consapevole dell'importanza delle routine e del feedback, ma potresti beneficiare di una maggiore costanza e approfondimento. Cerca di stabilire obiettivi più chiari e di utilizzare regolarmente gli strumenti di analisi e feedback per monitorare i tuoi progressi. Continua a sviluppare e adattare le tue strategie di comunicazione per mantenere un alto livello di assertività.

Se hai ottenuto una maggioranza di risposte D:

La tua gestione dell'assertività online è eccellente. Hai sviluppato routine efficaci, utilizzi regolarmente gli strumenti di feedback e sei costantemente alla ricerca di modi per migliorare. Mantieni questo livello di impegno e continua a sperimentare nuove tecniche e strategie per affinare ulteriormente le tue abilità comunicative. Condividere le tue pratiche di successo con altri può anche aiutare a rafforzare la tua leadership nel campo della comunicazione online.

Riflessione finale

Questo test è uno strumento prezioso per riflettere sulle tue abilità di comunicazione assertiva online e per identificare aree di miglioramento. Utilizzalo per sviluppare ulteriormente le tue competenze, concentrandoti su chiarezza, rispetto e capacità di gestione dei conflitti. La comunicazione assertiva ed empatica è una competenza che si sviluppa con la pratica costante e l'auto-riflessione. Prenditi il tempo per riflettere su come puoi applicare le nuove conoscenze nella tua vita quotidiana e considera di rivedere periodicamente questo test per monitorare i tuoi progressi. Continuare a migliorare queste competenze ti porterà a ottenere risultati significativi e duraturi nelle tue interazioni professionali e personali.

Domande di Riflessione per il Capitolo 6

Abitudini per mantenere l'assertività online

1. Sviluppare abitudini positive

Quali abitudini hai attualmente che supportano la tua assertività online?

Come inizi la tua giornata per prepararti a comunicare in modo assertivo?

Quali nuove abitudini potresti adottare per migliorare la tua assertività nelle comunicazioni digitali?

Puoi ricordare un'occasione in cui una tua abitudine positiva ha migliorato significativamente una tua interazione online?

2. Monitorare i progressi

Come tieni traccia dei tuoi progressi nella comunicazione assertiva online?

Quali strumenti o metodi utilizzi per monitorare l'efficacia delle tue comunicazioni?

In che modo il feedback degli altri ha influenzato la tua crescita nell'assertività online?

Puoi fare un esempio di un cambiamento positivo che hai apportato alle tue strategie di comunicazione dopo aver monitorato i tuoi progressi?

Sviluppare ulteriormente le competenze di comunicazione online

3. Intelligenza Artificiale e Assertività sul Web

Hai mai utilizzato strumenti di intelligenza artificiale per migliorare la tua comunicazione online? In che modo?

Quali benefici hai notato nell'utilizzare l'IA per analizzare il sentiment delle tue comunicazioni?

Come integri chatbot e assistenti virtuali nella tua strategia di comunicazione?

In che modo l'IA ti ha aiutato a personalizzare le tue comunicazioni e a renderle più assertive?

4. Esercizi pratici di Copywriting Assertivo

Quali esercizi di copywriting assertivo trovi più utili per migliorare le tue competenze?

Puoi descrivere un'occasione in cui l'esercizio di riscrittura assertiva ha trasformato un messaggio passivo o aggressivo in uno assertivo?

Come utilizzi il feedback costruttivo per migliorare i tuoi contenuti scritti?

In che modo la pratica dell'empatia e dell'ascolto attivo ha influenzato la qualità delle tue comunicazioni online?

Test: Valutare i tuoi obiettivi online

5. Questionario di autovalutazione

Come valuteresti attualmente la tua capacità di mantenere l'assertività online? Quali sono le tue principali aree di forza e di miglioramento?

In che modo pensi che il test di autovalutazione possa aiutarti a identificare le aree su cui lavorare per migliorare la tua comunicazione online?

Hai identificato delle aree specifiche su cui desideri lavorare per migliorare la tua comunicazione assertiva online? Quali sono?

Quali passi concreti puoi intraprendere per sviluppare ulteriormente la tua capacità di comunicare in modo assertivo online?

6. Analisi dei risultati

Dopo aver analizzato i risultati del test, quali sono le tue principali aree di forza nella comunicazione assertiva online?

Quali aspetti della tua comunicazione online richiedono maggiore attenzione e miglioramento?

In che modo intendi utilizzare i risultati del test per creare un piano di sviluppo personale per migliorare la tua comunicazione assertiva online?

Puoi identificare delle risorse (libri, corsi, coaching) che potrebbero aiutarti a migliorare le tue competenze nella comunicazione online?

Conclusione

Prenditi il tempo necessario per rispondere a queste domande di riflessione e utilizza le tue risposte come guida per migliorare le tue competenze comunicative online. La gestione assertiva ed empatica delle comunicazioni è una competenza che si sviluppa con la pratica costante e l'auto-riflessione. Continuare a mettere in pratica le strategie e le tecniche apprese ti porterà a migliorare significativamente le tue interazioni digitali e a ottenere risultati tangibili nelle tue relazioni professionali e personali.

Conclusione

Arrivati alla fine di questo percorso insieme, è il momento di riflettere su quanto abbiamo esplorato e imparato riguardo alla comunicazione assertiva sul web. In un mondo sempre più interconnesso, dove la maggior parte delle nostre interazioni avviene online, sviluppare e mantenere un approccio assertivo nella comunicazione digitale è fondamentale per costruire relazioni positive e produttive. Abbiamo esplorato una vasta gamma di strategie e tecniche che ti aiuteranno a comunicare in modo chiaro, rispettoso ed efficace.

Riflessioni finali

La comunicazione assertiva non è una destinazione, ma un viaggio continuo. Richiede pratica, consapevolezza e la volontà di adattarsi e migliorare costantemente. Nel corso di questo manuale, abbiamo esplorato come l'assertività può trasformare le nostre interazioni online, rendendole più autentiche e gratificanti. Abbiamo esaminato strumenti pratici per sviluppare abitudini positive, monitorare i progressi e integrare le tecnologie emergenti come l'intelligenza artificiale per migliorare ulteriormente le nostre competenze comunicative.

5 Tips finali per mantenere l'assertività online

Prima di concludere, vorrei condividere con te alcuni suggerimenti finali, delle vere e proprie "chicche" che potrai applicare nella tua vita quotidiana per continuare a crescere come comunicatore assertivo.

1. Coltiva la tua intelligenza emotiva

L'intelligenza emotiva è la capacità di riconoscere, comprendere e gestire le emozioni tue e degli altri. È una competenza fondamentale per la comunicazione assertiva. Prenditi del tempo ogni giorno per riflettere sulle tue emozioni e su come influenzano le tue interazioni. Impara a riconoscere i segnali emotivi negli altri e a rispondere in modo empatico e assertivo.

2. Pratica la gratitudine

La gratitudine può trasformare il modo in cui comunichiamo online. Ringraziare sinceramente le persone per il loro contributo o feedback non solo crea un ambiente positivo, ma dimostra anche che apprezzi e rispetti i loro sforzi. Una semplice nota di ringraziamento può rafforzare le relazioni e promuovere un clima di collaborazione e rispetto reciproco.

3. Mantieni una mente aperta

La comunicazione assertiva richiede flessibilità e apertura mentale. Sii disposto a considerare diverse prospettive e a modificare le tue opinioni alla luce di nuove informazioni. Ascolta attivamente e con rispetto, cercando di comprendere veramente il punto di vista degli altri. Questo atteggiamento ti aiuterà a costruire relazioni più forti e a risolvere i conflitti in modo costruttivo.

4. Usa la tecnica del "feedback sandwich"

Quando devi fornire feedback critico, utilizza la tecnica del "feedback sandwich". Inizia con un commento positivo, seguito da una critica costruttiva, e concludi con un altro commento positivo. Questo approccio bilanciato rende più facile per gli altri accettare il feedback e vedere le critiche come opportunità di miglioramento piuttosto che attacchi personali.

5. Impara a dire "no" con assertività

Dire "no" può essere difficile, ma è una parte essenziale della comunicazione assertiva. Impara a dire "no" in modo chiaro e rispettoso, senza sentirti in colpa o dover fornire spiegazioni elaborate. Ricorda che dire "no" è necessario per proteggere il tuo tempo e le tue energie, e che farlo in modo assertivo è un segno di rispetto per te stesso e per gli altri.

Un impegno continuo

L'assertività nella comunicazione online è un impegno continuo. Richiede pratica costante e la volontà di apprendere e adattarsi. Spero che questo manuale ti abbia fornito gli strumenti e le conoscenze necessarie per intraprendere questo viaggio con fiducia. Ricorda che ogni interazione è un'opportunità per migliorare e che ogni piccolo passo avanti è un successo da celebrare.

Nel mio percorso professionale, ho visto come l'adozione di pratiche assertive possa trasformare non solo le interazioni online, ma anche il modo in cui percepiamo noi stessi e gli altri. Ti incoraggio a continuare a esplorare e sviluppare queste competenze, a cercare feedback e a mantenere un atteggiamento di apertura e curiosità.

Suggerimento finale: La potenza della "pausa strategica"

Prima di concludere, voglio condividere con te una tecnica che ho trovato incredibilmente potente: la "pausa strategica". Quando ti trovi in una situazione di conflitto o in un momento di forte emozione, prenditi una pausa prima di rispondere. Questa pausa ti dà il tempo di riflettere, di calmarti e di formulare una risposta assertiva e ponderata. La pausa strategica può essere di pochi secondi o di qualche minuto, a seconda della situazione, ma può fare una grande differenza nella qualità della tua comunicazione.

In chiusura

Grazie per aver intrapreso questo viaggio attraverso il Manuale di Comunicazione Assertiva sul Web. Spero che tu abbia trovato le informazioni, le tecniche e le strategie presentate utili e ispiranti. La comunicazione assertiva è una competenza preziosa che può arricchire la tua vita professionale e personale. Continua a praticare, a imparare e a crescere. Il web è un luogo dinamico e in continua evoluzione, e tu hai tutti gli strumenti per navigarlo con assertività, rispetto e successo.

Buon viaggio nel mondo della comunicazione assertiva online!

COLLANA DI LIBRI SULLA COMUNICAZIONE ASSERTIVA

Esplora la serie completa sui diversi aspetti della Comunicazione Assertiva, ognuno dedicato a specifiche sfide comunicative in vari ambiti della vita personale e professionale. Ogni libro è ricco di strategie pratiche e consigli esperti per potenziare il tuo modo di comunicare, arricchendo così le tue relazioni e la tua vita professionale.

Comunicazione Assertiva nelle Relazioni Personali
Approfondisci come migliorare le tue relazioni più intime attraverso tecniche di comunicazione che rispettano sia i tuoi bisogni sia quelli altrui. Perfetto per chi cerca di rafforzare i legami con partner, amici e familiari.

Comunicazione Assertiva con i Figli
Impara a stabilire un dialogo efficace e costruttivo con i tuoi figli. Questo manuale è una risorsa indispensabile per i genitori che desiderano influenzare positivamente lo sviluppo emotivo e comportamentale dei loro bambini.

Comunicazione Assertiva sul Web
Naviga il mondo della comunicazione digitale con assertività. Scopri come mantenere la tua presenza online rispettosa e influente, gestendo efficacemente le interazioni sui social media e oltre.

Comunicazione Assertiva per Leader
Questo libro è essenziale per i leader che aspirano a ispirare e guidare i loro team con integrità. Scopri come motivare e gestire le persone in modo efficace e rispettoso.

Comunicazione Assertiva per Venditori

Eleva le tue tecniche di vendita con principi di comunicazione assertiva che ti aiuteranno a chiudere più affari senza essere invadente.

Comunicazione Assertiva nel Public Speaking

Migliora le tue capacità oratorie e impara a presentare le tue idee con chiarezza e convinzione, catturando e mantenendo l'attenzione del tuo pubblico.

Comunicazione Assertiva e Autostima

Esplora il legame tra autostima e comunicazione efficace. Scopri come rafforzare la tua sicurezza interiore attraverso tecniche assertive.

Comunicazione Assertiva per Medici e Professionisti della Salute

Fornisci cure migliori con una comunicazione chiara e compassionevole. Questo manuale è una guida fondamentale per medici, infermieri e altri professionisti del settore sanitario.

Comunicazione Assertiva per Insegnanti ed Educatori

Trasforma il tuo ambiente educativo con strategie di comunicazione che favoriscono un apprendimento più efficace e relazioni più positive.

Comunicazione Assertiva e Mindfulness

Unisci la consapevolezza della mindfulness con le pratiche di comunicazione assertiva per un approccio più centrato e pacifico nelle tue interazioni quotidiane.

Ogni libro di questa serie rappresenta un passo fondamentale per chiunque desideri padroneggiare l'arte della comunicazione in vari contesti della vita. La capacità di comunicare assertivamente è più che una competenza; è un investimento nel tuo benessere personale e professionale.

Non perdere l'opportunità di trasformare il tuo modo di interagire con il mondo: acquista i manuali oggi stesso e inizia a costruire relazioni più forti e soddisfacenti.

RINGRAZIAMENTI

Concludere questo libro mi offre l'opportunità di esprimere la mia profonda gratitudine a tutte le persone che hanno avuto un ruolo nel mio viaggio personale e professionale. Ogni parola in queste pagine è frutto non solo delle mie esperienze, ma anche del sostegno e dell'ispirazione ricevuti da molti.

Innanzitutto, desidero ringraziare le oltre 135.000 persone che hanno partecipato ai miei corsi, acquistato i miei videocorsi o libri, e coloro che mi hanno scelto come loro consulente o formatore aziendale. Ogni interazione con voi è stata una fonte di ispirazione e un'occasione per affinare ulteriormente le mie competenze e conoscenze. La vostra fiducia e il vostro entusiasmo mi hanno permesso di esplorare nuove dimensioni della comunicazione assertiva, specialmente nell'ambito digitale, e di sviluppare strategie pratiche e innovative per affrontare le sfide del web.

Un ringraziamento speciale va alla mia famiglia: mia moglie e i miei figli, che hanno dimostrato una pazienza e un sostegno incrollabili. Grazie per aver compreso e supportato il tempo che ho dedicato allo studio e al lavoro, anche quando questo ha significato meno tempo da passare insieme. La vostra forza e il vostro amore hanno reso possibili molti dei miei successi. Senza il vostro supporto, molte delle intuizioni e delle pratiche condivise in questo libro non avrebbero visto la luce.

Non posso dimenticare di esprimere la mia gratitudine verso la mia passione per la crescita personale e la mia curiosità insaziabile. Queste qualità mi hanno spinto fin da giovane a esplorare nuove conoscenze e a cercare di comprendere il mondo e le persone intorno a me. Sono stati questi elementi a guidarmi nella stesura di questo manuale, aiutandomi a tradurre concetti complessi in pratiche quotidiane utili e applicabili per tutti.

Un sentito ringraziamento va anche a coloro che mi hanno criticato, giudicato o osteggiato. Ogni critica è stata un'opportunità per imparare, crescere e sviluppare una resilienza che è diventata fondamentale nel mio percorso professionale e personale. Grazie per avermi insegnato l'importanza dell'autocritica e per aver contribuito, seppur indirettamente, al mio sviluppo. Le critiche costruttive ricevute nel tempo mi hanno permesso di raffinare le tecniche di comunicazione assertiva che ho condiviso in questo libro, rendendole più efficaci e pertinenti.

I miei genitori meritano una menzione speciale per il loro sostegno incondizionato. Fin da adolescente, hanno incoraggiato e supportato il mio desiderio di apprendere e crescere, anche quando ciò comportava sacrifici economici significativi. Senza il loro incoraggiamento, non sarei la persona che sono oggi. Sebbene mio padre non sia più fisicamente tra noi, sento immutato il suo sostegno e la sua guida in ogni passo del mio percorso. La sua memoria è una fonte continua di ispirazione e forza.

Infine, ma non per importanza, grazie a te, lettore, che hai scelto di dedicare tempo a questo manuale. Spero che le pagine che hai letto ti siano di ispirazione e di aiuto nel tuo percorso di crescita nella comunicazione assertiva. Il tuo impegno nel migliorare le tue competenze comunicative è il vero motore di questo libro. Sarò felice di ricevere un tuo feedback; ogni tuo pensiero o suggerimento sarà prezioso per migliorare ulteriormente il mio lavoro. Sentiti libero di lasciare una recensione o di scrivermi direttamente all'indirizzo

Pratica l'ascolto attivo con la tua sfera di influenza

Una delle tecniche più potenti per mantenere e migliorare la tua assertività online è l'ascolto attivo. Questo non significa solo sentire ciò che gli altri dicono, ma veramente comprendere e rispondere alle loro preoccupazioni, domande e feedback. Pratica l'ascolto attivo nelle tue interazioni online, che si tratti di rispondere ai commenti sui social media o di gestire le risposte alle e-mail. Mostrare che ti interessi veramente alle opinioni e ai sentimenti degli altri costruirà fiducia e rispetto, fondamentali per una comunicazione assertiva ed efficace.

Il mio augurio è che ogni lettore possa trovare in questo libro la stessa passione e ispirazione che mi hanno guidato nella sua stesura. Continuate a cercare, a imparare e a crescere. La comunicazione assertiva non è solo una competenza, ma un viaggio continuo verso relazioni più autentiche e soddisfacenti. Grazie per aver intrapreso questo viaggio con me. Il web è uno strumento potente che, se utilizzato con consapevolezza e assertività, può aprire porte a opportunità straordinarie. Buon viaggio e continua a crescere!

Alessandro Ferrari

NOTE SULL'AUTORE

Alessandro Ferrari è un imprenditore, master trainer, e autore con una esperienza di oltre quarant'anni nel mondo aziendale, durante i quali ha acquisito una vasta esperienza e formazione con alcuni dei più importanti coach a livello mondiale.

La sua carriera ha avuto inizio nel campo scientifico e tecnico, ma ben presto si è orientato verso il mondo delle vendite e della comunicazione, iniziando a soli 17 anni come venditore porta a porta di assicurazioni sulla vita per mantenere i suoi studi. La sua abilità e dedizione lo hanno rapidamente portato a ricevere offerte di posizioni di rilievo, come quella di Capo Settore, offerta che decise di rifiutare per perseguire nuove opportunità come venditore per una delle maggiori Multinazionali mondiali nel settore Food.

Dopo tre anni di successi come agente, Alessandro è stato promosso a District Manager, ruolo che gli ha permesso di sperimentare il metodo della Job Rotation, approfondendo la sua conoscenza in tutte le divisioni aziendali. Questa esperienza gli ha fornito una profonda comprensione delle dinamiche aziendali che ha saputo trasferire nei suoi successivi ruoli direttivi in varie aziende italiane di rilievo.

Nel 2007, Alessandro ha fondato la sua prima società di consulenza e formazione, diventando in breve tempo un punto di riferimento nel settore in Italia. Ha formato più di 135.000 persone sia in aula che direttamente nelle aziende, condividendo la sua esperienza pratica e non solo teorica, accumulata sul campo.

Nel 2015 ha lanciato "ASSO DELLA VENDITA", un portale e percorso di formazione professionale dedicato a marketing e tecniche di vendita, frutto di oltre 30 anni di esperienza diretta. Inoltre, il suo roadshow sulla Comunicazione Assertiva ad oggi è già stato seguito da oltre 25.000 persone, proseguendo ora con una nuova edizione online.

Oggi, Alessandro è considerato uno dei maggiori esperti italiani di Comunicazione Professionale, Comunicazione non Verbale, e Strategie di Vendita. È un pioniere dell'Inbound Marketing e autore di numerosi eBook e videocorsi che hanno riscosso grande successo in Italia e all'estero.

Alessandro condivide la sua esperienza non solo attraverso i suoi corsi e libri, ma anche come consulente e formatore per chi cerca di crescere professionalmente e personalmente. La sua missione è quella di aiutare individui e aziende a comunicare e vendere con successo, offrendo anche consulenze gratuite per coloro che desiderano esplorare come le sue competenze possano essere di aiuto nei loro percorsi professionali.

Per scoprire di più su come Alessandro Ferrari possa aiutarti a raggiungere i tuoi obiettivi professionali e personali, contattalo oggi stesso via mail o seguendolo sui suoi canali social ufficiali.

Imprenditore | Autore | Formatore – Alessandro Ferrari

www.ingramcontent.com/pod-product-compliance
Lightning Source LLC
Chambersburg PA
CBHW071017250726

48653CB00005B/1638